Simone Klein
Idealaan 20
Tel. 24485
403 Béthanie

MARTHA SCHLINKERT: **Bummi und ihre Freundinnen**

Bummi Fröhlich, die Ihr aus ihren Büchern schon so gut kennt und liebgewonnen habt, geht nicht darauf aus, neue Freundinnen zu erwerben. Die kommen von selbst, eben weil Bummi so ein netter Kerl ist.

Allerdings — da gibt es eine Sorte von Freunden, die Bummi tatsächlich mit allerlei List zu erwerben sucht: das sind die vierbeinigen oder gefiederten Freunde, mancherlei Tiere, die sich Bummi zu beschaffen weiß, eben weil sie an ihnen so viel Freude und Vergnügen hat.

Doch eines Tages muß Bummi eine Aufgabe übernehmen, die nicht leicht ist. Sie reist nach Frankfurt, um ihrer Kusine Wilma zu helfen, daß sie wieder ganz gesund wird. Wie sie ihr hilft? Einfach dadurch, daß sie da ist.

Und natürlich durch ihre Fröhlichkeit, ihre Freundschaft und all die vielen Erlebnisse, die sich wie von selbst einstellen, wo Bummi ist. Davon könnt ihr in diesem Buch selbst alles lesen!

MARTHA SCHLINKERT

Bummi und ihre Freundinnen

W. FISCHER-VERLAG · GÖTTINGEN

ISBN 3 439 04544 7

© 1960 by W. Fischer-Verlag, Göttingen

Alle Rechte vorbehalten!
Titelbild und Illustrationen: Erica Hempel
Gesamtherstellung: Fischer-Druck, Göttingen

INHALT

Pimpchen, die dressierte Maus	7
Wölfis erster Schultag	17
Viel Wirbel um Mohrle	24
Kann man Freundschaft kaufen?	44
Tapfere Regine	55
Auf Gut Rittenbruch	65
Keine leichte Aufgabe	84

Pimpchen, die dressierte Maus

Naz Müller ist ein übler Bursche. Er ist stark und kräftig und sucht überall Händel anzufangen. Er besitzt eine Maus. Eigentlich ist es eine gewöhnliche, graue Hausmaus. Er hat sie jedoch so dressiert, daß sie an seinem Bein hochkrabbelt und ihm auf die Schulter klettert. Dort sitzt sie und schnuppert an seinem Ohrläppchen. Christoph Hermes hat es selbst gesehen und es Bummi Fröhlich erzählt. Seitdem hat diese keine Ruhe. Sie muß die Maus haben.

„Naz", sagt sie eines Tages auf der Straße zu ihm, „hast du Lust, zu meinem Geburtstag zu kommen?"

„Zu was? Zu deinem Geburtstag? Ja, biste noch ganz bei Trost, ich gehe doch nicht in den Kindergarten!"

„Es gibt Erdbeertorte mit Schlagsahne!"

„Was, Erdbeertorte mit Sahne an einem blöden Geburtstag? Das lügst du."

„Kannst ja Christoph und Fiete fragen. Die kommen jedes Jahr zu meinem Geburtstag, und jedes Jahr essen sie Erdbeertorte."

„Wenn es ganz bestimmt Erdbeertorte gibt, dann komme ich." Naz kratzt sich hinterm Ohr. „Ich war noch nie auf so 'ner blöden Feier. Muß man da was schenken?"

„Ja, aber es braucht keinen Pfennig zu kosten. Fiete und Christoph und Hans schenken mir jeder ein Tier, Fiete und Christoph zusammen ein Lachtaubenpärchen, Hans eine — eine Schildkröte, glaube ich. Du schenkst mir deine Maus, ja, Naz? Ich möchte sie schrecklich gern haben."

„Was, meine Maus? Biste noch ganz da? Die kriegt keiner!"

„Ich sorge dafür, daß du die meisten Tortenstücke kriegst. Ich lege dir sofort drei auf deinen Teller. Aber die Maus, die muß ich haben!" Bummi führt einen zähen Kampf mit Schmeicheln und Bitten und Versprechungen. Naz schwankt zwischen Zusage und Ablehnung. Verflixt, Erdbeertorte gibt es auf dem blöden Geburtstag, ausgerechnet Erdbeertorte, für die er alles hergibt. „Ich komme nur unter der Bedingung, daß da keine kleinen Mädchen sind. Fürn Kindergarten schwärme ich nicht, nee, da komm' ich lieber nicht."

„Du brauchst keine Angst zu haben, Naz. Ich habe keine Mädchen eingeladen, nur Toni Hülsmann."

„Wen, den Toni? Wie kommst du denn auf den?" Toni ist so alt wie Naz, aber klein und verwachsen, blaß und still und ohne Freunde.

„Ich — der Toni bringt mir seinen Laubfrosch!"

„Ah, so eine bist du. Du willst billig an viele Tiere kommen. Du bist ja eine ganz Gerissene. Von mir aus sollen sie dir Tiere schenken, warum nicht? Das ist nicht so blöd wie Zuckerklümpchen

und Schokolade. Das hast du dir fein ausgedacht. Du bist gar nicht so dumm, wie du aussiehst."

„Ja, Naz, nicht wahr?" Bummi lacht über das ganze Gesicht, so erlöst ist sie nach dem zähen Kampf. Die Maus ist ihr sicher.

„Mal gespannt, was deine Eltern zu dem Zoo sagen werden. Haben die denn nichts dagegen, wenn du so viele Tiere ins Haus bringst? Ihr habt doch schon 'ne Menge."

„Meine Eltern sagen schon nichts, sie wissen auch nichts davon, es soll eine Überraschung werden."

„Ja, die wird es, da kannste Gift drauf nehmen!" Naz lacht und trottet davon.

Diese Bummi, denkt er, die ist doch ein forsches Mädel, sogar meine Maus hat sie mir abgeluchst, sein Wort muß man halten. Am liebsten würde ich ihr eine Tracht Prügel verabreichen, daß sie mich mit der blöden Erdbeertorte gefangen hat. Ich werde mich aber dafür schön schadlos halten.

Bummi ist es unbehaglich zumute. Was werden die Eltern sagen, wenn Naz auftaucht? Sie mögen ihn nicht, weil er ein Taugenichts ist. Er hat auch vor Erwachsenen keinen Respekt, und das ist schlimm. Sie wird nicht sagen, daß sie ihn eingeladen hat. Sie muß die Maus haben.

Als Bummi am Vortag ihres Geburtstags zu Tante Johanna in die Küche tritt, schiebt diese gerade einen Tortenboden in den Backofen. „Ist die Torte für mich?" fragt sie gespannt. „Und gibt's wieder Erdbeeren drauf mit viel Schlagsahne?" Bummis Herz klopft heftig bei der Frage. Wenn es keine Erdbeeren gäbe! Naz würde bestimmt mit Pimpchen nach Haus gehen.

„Nein, Fräulein Neugier, diesmal gibt es Stachelbeeren", antwortet Tante Johanna, ohne das Gesicht zu verziehen.

„Du machst nur Spaß, nicht wahr, Tante Johanna?"

„Aber warum sollte ich Spaß machen? Sind Stachelbeeren nicht gut genug?"

„Ich — ich hab' dem Naz Erdbeertorte versprochen, sonst kommt er nicht, und ich krieg' Pimpchen nicht!"

Tante Johanna sieht sie so erstaunt an, als ob sie an Bummis Verstand zweifele. „Wer kommt nicht, und wen kriegst du nicht?"

„Naz kommt nicht, und er gibt mir dann auch nicht seine dressierte Maus. Ich will sie Pimpchen nennen."

„Ausgerechnet Naz, der Flegel, der gestern noch die Zunge hinter meinem Rücken ausstreckte, soll von meiner Erdbeertorte essen?"

„Ach, Tante Johanna, sei bitte nicht böse! Der Naz ist gar nicht so schlimm, der — der hat doch bloß keine Mutter, die zu Hause ist, darum ist er so. — Ich freue mich ja so schrecklich auf Pimpchen. Du darfst nichts verraten, das ist mein Geheimnis. Und — und du machst doch eine Erdbeertorte?"

„Das ist mein Geheimnis!" lacht Tante Johanna.

„Ich habe dir meines auch verraten."

„Ja, das ist wahr. Also, du bekommst deine Erdbeertorte mit viel Schlagsahne." Bummi fällt Tante Johanna um den Hals vor Freude.

An ihrem Geburtstag ist Bummi so nervös, daß sie alles verkehrt macht. Sie ist gespannt, ob Naz wirklich kommt und ihr die Maus bringt. Vielleicht reut ihn sein Versprechen? Oh, wäre es doch erst vier Uhr, damit sie Gewißheit hätte!

Mutti ist in der Küche beschäftigt. „Wer kommt denn eigentlich zu deinem Geburtstag?" fragt sie. „Du tust so geheimnisvoll!"

„Du wirst es ja sehen", sagt Bummi leichthin, und die Mutter, die alle Hände voll zu tun hat, dringt nicht weiter in sie, weil Bummi sich als Geburtstagswunsch erbeten hat, einladen zu können, wen sie will. Und die Bitte haben die Eltern ihr nicht abgeschlagen.

Als es schellt, fliegt Bummi zur Haustür. Christoph und Fiete stehen davor. Sie tragen einen großen Karton, in den sie Luftlöcher geschnitten haben. „Guckruuuh", ertönt es gedämpft. „Oh, die Lachtauben!" Sie tragen den Karton ins Wohnzimmer und heben den Deckel ab. Da sitzen zwei Täubchen auf einer Stange. Sie haben perlmuttfarbene Flügel und einen blauen Ring um den Nacken. Bummis Augen strahlen vor Freude. Sie streicht ganz sanft mit den Fingern über das Gefieder. „Guckruuuh!" sagt wieder eins der Tiere und macht dabei eine großartige Verbeugung, wobei sich der Hals aufbläht. Als das das andere Täubchen hört, verbeugt es sich ebenfalls und antwortet: „Guckruuuh!"

Da kommen sie aus allen Zimmern herbei: Bummis Geschwister Hans und Heide, Vater und

Mutter und der kleine Wolfgang. Die Tauben ducken sich ein wenig ängstlich. Als sich aber alle still verhalten, beginnen sie wieder mit ihren Guckruuuh-Rufen und verneigen sich zierlich. Plötzlich erschallt es: „Keckeckeck." Alle müssen lachen. Ulkig, diese Tauben! Was die für Töne von sich geben!

In dem Tumult hört Bummi nicht, daß die Hausschelle geht. Frau Fröhlich öffnet und sieht erstaunt Naz auf der Treppe stehen. „Ja, Naz, was willst denn du?" fragt sie nicht gerade freundlich.

„Ich? Bummi hat mich doch zu ihrem Geburtstag eingeladen. Ich habe ihr auch etwas mitgebracht."

„Komm nur herein", fordert Frau Fröhlich den Jungen auf und läßt ihn eintreten. Ärgerlich denkt sie: In Zukunft werde ich mir die Namen der Gäste vorher von meinen Kindern nennen lassen. Das ist mal wieder echt Bummi! Ich möchte nur wissen, was dahintersteckt, daß sie ausgerechnet Naz eingeladen hat.

Des Rätsels Lösung enthüllt sich ihr eher, als sie denkt. Als sie mit der Erdbeertorte, die Tante Johanna geschickt hat, ins Geburtstagszimmer tritt, stößt sie an etwas Weiches, das piepsend unter dem Wohnzimmerschrank verschwindet. „Eine Maus!" schreit sie entsetzt, und fast wäre die Erdbeertorte vom Teller gerutscht.

„Pimpchen ist eine dressierte Maus, Naz hat sie mir geschenkt", erklärt Bummi. „Ich gebe sie nie wieder her!" fügt sie ein wenig trotzig hinzu, weil sie in Mutters ungehaltenes Gesicht blickt.

Pimpchen steckt das Köpfchen unter dem Schrank hervor. Naz bückt sich blitzschnell und hält ihr seine wenig saubere Hand hin. Alle halten den Atem an, selbst Vater, der Mutter durch Blicke zu verstehen gegeben hat, sich dareinzufinden, eine Maus als Hausgenossin zu haben. Und siehe da — Pimpchen klettert auf die Hand, dann am Ärmel hoch auf die Schulter, schnuppert ein Weilchen an Naz' Ohrläppchen und huscht auf des Jungen Kopf. Von dort aus äugt sie auf die versammelte Gesellschaft.

„Pimpchen!" ruft Wolfgang und streckt seine Hand hin. Da sucht sich das Mäuschen in dem dichten Wuschelhaar seines Herrn zu verstecken. Nun muß selbst Frau Fröhlich lachen.

„Nimm sie doch mal auf die Hand, Mutti", bittet Bummi. Davon will Frau Fröhlich nichts wissen. Sie hat eine Abneigung gegen Hausmäuse, die so gern in der Vorratskammer am Speck knabbern, und Pimpchen ist für sie nichts anderes als eine solche Hausmaus.

Als alle um den Kaffeetisch sitzen und Naz sich bereits drei Stückchen Erdbeertorte einverleibt hat und sich von Bummi unter dem Protest der anderen Gäste das vierte reichen läßt, schellt es zaghaft. „Wer kommt denn da?" fragt Frau Fröhlich. „Hoffentlich nicht noch ein Tier!"

Bummi ist schon hinausgeschlüpft und bringt Toni ins Zimmer. Im Arm trägt er ein Glas mit dem Laubfrosch. Ehe Frau Fröhlich etwas sagen kann, schellt es Sturm. Das ist Tante Johanna. In der Höhlung ihrer Hand trägt sie ein allerliebstes gelbes Wollknäuel, das sich als Küken entpuppt. Bummi schreit vor Entzücken. Aber Mutter setzt sich auf einen Stuhl und ist richtig ein bißchen blaß um die Nase, wie Vater lachend feststellt.

„Ein Lachtaubenpaar, eine dressierte Maus, ein Küken, ein Laubfrosch, dazu die Wellensittiche und Kerlchen und Mohrle, mir langt es", sagt Mutti kläglich. Niemand scheint Mitleid mit ihr zu haben, alle freuen sich diebisch über ihren Kummer. Als sie entsetzt aufschreit, weil Pimpchen über den Tisch läuft, antwortet ihr ein schallendes Gelächter. Jeder streckt die Hand aus, um Pimpchen zu bewegen, ihre Kunststücke zu zeigen. Pimpchen äugt flink von einem zum andern und huscht dann zu Naz. Weil sie ein wenig müde ist, kriecht sie in seinen Ärmel und schläft dort. Mutter sieht noch immer unglücklich drein. Die Buben versprechen ihr, draußen im Garten für das Lachtaubenpaar ein Vogelhaus zu zimmern, und auch Pimpchen soll ein kleines Häuschen bekommen, in dem sie eingesperrt bleibt, wenn die Kinder in der Schule sind. Tante Johanna wird das Küken mitnehmen und es für Bummi großziehen.

„Bist du nun getröstet, Mutter?" fragt Vater. Da nickt Mutter tapfer, obwohl sie Bummi gern gebeten hätte, Naz die Maus wieder mitzugeben. Solch eine aufregende Geburtstagsfeier hat das Haus Fröhlich noch nicht erlebt.

Wölfis erster Schultag

Bummi verlebt eine glückliche Zeit mit ihren Tieren. Das Lachtaubenpaar hat sein Vogelhaus im Garten bezogen. Bringen der März und auch der April unwirtliche Tage, so flüchten sie sich, eng aneinandergeschmiegt, in den Brutkasten, den Hans mit Holzwolle ausgelegt hat. Sobald es aufhört zu schneien oder zu regnen, fliegen sie auf die Schaukel oder auf den kleinen Baum, der ihnen das Vogelhaus zu einer gemütlichen Wohnstätte macht. Dort sitzen sie dann und rufen fröhlich ihr Guckruuuh oder lachen ihr Keckeckeck, und die kleinen Kinder versuchen durch die Hecke zu spähen und meinen, das seien Aschenputtels Täubchen.

Alle im Haus lieben Pimpchen. Selbst Mutter hat sich an Pimpchens Gegenwart gewöhnt. Allerdings schüttelt sie die Maus energisch ab, wenn sie an ihrem Bein hochzuklettern versucht, und Pimpchen merkt es sich und läßt von ihr ab.

Bummis liebstes Tier ist Pimpchen. Die Maus darf auf ihrer Schulter oder auf ihrem Kopf sitzen, während sie Aufgaben macht. Wenn es der Maus zu langweilig wird, klettert sie auf den Tisch, knabbert an den Schulbüchern und macht Männchen, um Bummis Aufmerksamkeit zu erregen. Manchmal versucht sie gar ein Tänzchen.

An einem stürmischen Apriltag begegnet Bummi dem Naz. Er stellt sich breitbeinig vor sie hin. „Ich will meine Maus zurückhaben", sagt er, „die blöde Erdbeertorte war doch keine Maus wert."

Bummi wird blaß vor Angst. „Laß mich vorbei", bittet sie, „ich muß eilig etwas für Mutti besorgen."

Naz bleibt breitbeinig stehen. Er faßt Bummis Arm. „Gibst du mir die Maus wieder heraus oder nicht?"

„Nein, nein, nein!" ruft Bummi. „Geschenkt bleibt geschenkt. Wieder abgenommen, in die Hölle gekommen!"

„Blöde Gans!" sagt Naz verächtlich. Er könnte sich selbst in Stücke reißen, weil er seine Maus hergegeben hat. Er hat schon viele mühsame Versuche mit anderen Mäusen gemacht, die er gefangen hat, aber sie sind alle zu dumm, es ist nichts mit ihnen anzufangen. Bummi nimmt ihm die „blöde Gans" nicht übel. Sie hat Pimpchen so lieb, daß sie schon verstehen kann, wie jemand um sie trauert. Sie reißt sich los und läuft davon. Der Mutter schärft sie ein, ja nicht dem Naz die Maus auszuhändigen, wenn er mal kommen sollte. Und wirklich wagt Naz den Versuch, als er Bummi in der Schule weiß. „Bummi schickt mich", lügt er, „wir haben es gestern beredet."

„Dann hol sie dir heute nachmittag. Bummi hat mir verboten, die Maus herauszugeben", sagt Frau Fröhlich und macht ihm die Haustür vor der

Nase zu. Diese Bummi! denkt Naz. Die hat es faustdick hinter den Ohren, die wird sogar mit meinen Schlichen fertig. Soll sie die Maus behalten. Er merkt, daß Bummi von jetzt an einen großen Bogen um ihn macht.

Wölfchen sieht den Ostertagen mit bekümmerter Miene entgegen. Eine Woche nach dem Fest beginnt für ihn die Schule. Aber er will nicht hinein. Die großen Geschwister bemühen sich, ihm die Schultüte in den verlockendsten Farben zu schildern. Wölfi muß richtig schlucken.

Mit einem abgrundtiefen Seufzer beschließt er dann: „Gut, ich gehe, aber nur so lange, bis die Schultüte leer ist." Und es ist ihm sehr ernst damit, und er sieht trotzig in die lachenden Gesichter ringsum.

„Du mußt doch rechnen lernen, sonst weißt du gar nicht, ob der Kaufmann dir das Geld richtig herausgegeben hat, wenn du für Mutti einkaufst", sagt Hans eindringlich.

„Ich kann ja schon zählen", antwortet Wölfi siegessicher. Da nimmt Hans ein paar Groschen und einige Fünfpfennigstücke aus der Tasche und legt sie auf den Tisch. Wölfi beginnt gleich: „Zehn — zwanzig — dreißig — vierzig — eine Mark!"

„Falsch!" schreien die Geschwister schadenfroh. Wölfi sieht unsicher von einem zum andern.

„Nun siehst du, wie dumm du noch bist", belehrt ihn Hans und erklärt ihm, warum er falsch gezählt hat. Wölfi besieht sich die Geldstücke, die großen und die etwas kleineren. Auf den einen steht eine Zehn, auf den anderen eine Fünf. „Aber jetzt kann ich es", meint er dann treuherzig. Nach einer Weile setzt er hinzu: „Wenn ich rechnen gelernt habe, gehe ich aber nicht mehr in die Schule."

„Ach, Schluß mit der Schulgeschichte!" meint Hans verärgert. „Wölfi sieht ein, daß er erst einmal rechnen lernen muß; er geht Ostern hin, und damit basta!"

Frau Fröhlich geht mit Wölfi zur Anmeldung. Der Knirps erklärt dem Rektor sogleich, er komme nur für ein paar Tage, bis er rechnen könne. Der alte Herr mit den weißen Haaren sieht ihn freundlich lächelnd an. „Vielleicht wirst du auch singen und malen lernen?"

„Malen kann ich schon und singen auch", antwortet Wölfi und schmettert mit lauter Stimme: „Hänschen klein — ging allein — in die weite Welt hinein!" Am Schluß meint er: „Ich kann auch Schlager singen, willst du einen hören?"

Der Rektor mag keine Schlager, Wölfi solle einmal „Der Mai ist gekommen" singen, schlägt er vor. Der kleine Wölfi sieht ihn strafend an: „Is ja noch kein Mai!" Ja, da lächelt der alte Herr und reicht ihm die Hand: „Dann warten wir also mit dem Lied, bis es Mai ist." Und Wölfi ist einverstanden.

Auf dem Heimweg weiß Mutter nicht, ob sie sich ärgern oder ob sie lachen soll. Sie singt mit den Kindern fast täglich schöne alte Volkslieder, und ausgerechnet vor dem Rektor will Wölfchen Schlager singen! Aber sie hat keine Zeit, darüber nachzudenken. Wölfi fragt: „Warum bekommt man die Schultüte nicht schon bei der Anmeldung? Kann ich nicht wenigstens die halbe Tüte heute haben?" Da muß Mutter herzlich lachen.

Der erste Schultag ist da. Wölfi bewundert die lange spitze Tüte mit den schönen Abziehbildern. Dann schließt Mutter sie wieder in den Schrank ein. Er erhält sie erst, wenn er aus der Schule kommt.

Wölfchen will allein gehen. Mutter läßt es nicht zu. Sie will die junge Lehrerin begrüßen, die die erste Klasse übernehmen wird. Unterwegs treffen sie Frau Mineit mit der kleinen Ute. Wölfi betrachtet das zarte Ding und sagt mißbilligend: „Du machst wohl nie den Teller leer, weil du so dünn bist!"

„Ja, du bist ein starker, kräftiger Junge!" sagt Utes Mutter. „Du könntest immer achtgeben, daß kein Junge Ute auf dem Hin- und Rückweg etwas tut."

„Klar", verspricht Wölfi, „das mache ich." Frau Mineit lächelt befriedigt, und Mutter auch, denn sie ist froh, daß er eine Aufgabe hat. Dann wird er auf dem Heimweg nicht trödeln, dafür wird die ängstliche Ute schon sorgen.

Den ersten Schultag findet Wölfi ganz gut, weil er nur so kurz ist. Am Tor empfängt ihn Mutti mit der bunten Tüte. Wölfi öffnet sie sogleich.

„Was?" ruft er enttäuscht. „Äpfel sind darin und Apfelsinen? Und gar nicht lauter Bonbons und Schokola-la-de!" Seine Stimme schwankt bedenklich. Gleich wird er weinen. Mutter ist bekümmert. Da haben ihm die Geschwister ja etwas Schönes über Schultüten erzählt.

Frau Mineit kommt mit Ute. Schnell schluckt Wölfchen die Tränen hinunter. Ute darf nicht sehen, daß er heult.

„Hast du geweint?" fragt Ute und sieht ihn von unten herauf an, denn Wölfi ist einen halben Kopf größer als sie.

Wölfi schüttelt wild den Kopf: „Nee, hab' ich nich!"

„Du siehst aber so aus", beharrt Ute.

„Quatsch, Jungen weinen nicht, das weißt du doch!"

„Mein Brüderchen weint aber ganz oft!"

„Dann ist es eben kein richtiger Junge", stellt Wölfi fest. Ute öffnet ihre Schultüte, und Wölfi darf sich eine Lakritzenstange nehmen. Er schenkt ihr einen der geschmähten Äpfel. So besiegeln sie ihre Freundschaft.

Am nächsten Morgen stellt sich Wolfgang pünktlich bei Mineits ein. Ute steht schon in der Haustür und sagt vorwurfsvoll: „Du kommst aber spät!" Einträchtig gehen sie nebeneinander her. Auf dem Heimweg will sich ihnen Gerd Freisen anschließen, Wölfi weist ihn ab: „Ute hat schon einen Jungen, einer ist genug." Da geht Gerd drei Schritte hinter ihnen her. Als er einmal versucht, wieder an Utes Seite zu kommen, stemmt Wölfi die Hände in die Hüften: „Was habe ich dir gesagt?" Da trottet Gerd wieder hinter ihnen her.

Viel Wirbel um Mohrle

Eines Tages, nicht lange nach Ostern, hält Mutter einen Brief in den Händen, als Bummi aus der Schule heimkommt. „Wer hat denn geschrieben, Mutti?" fragt sie neugierig.

„Tante Liesel aus Frankfurt. Wilma ist sehr krank gewesen. Sie hatte die Gelbsucht und kann sich nicht richtig erholen. Sie darf noch nicht auf die Straße, obwohl keine Gefahr mehr besteht. Nun möchten unsere lieben Frankfurter, daß du für ein paar Monate zu ihnen kommst, damit Wilma wieder das Lachen lernt und gesund wird."

„Nein, Mutter, ich kann hier nicht weg", wehrt Bummi ab. „Ich hab' doch meine Tiere, die kann ich nicht alleinlassen."

„Darüber habe ich schon nachgedacht. Hans und Heide müssen sie versorgen. Wolfgang kann auch schon ein Tier übernehmen."

„Nein, Mutti, nein. Die Schwalben sind wieder da, und der Zaunkönig baut sein Nest, und . . ."

„Bummi, nun sei doch mal lieb. Wilma ist krank, deine Tiere sind gesund."

„Darf ich Mohrle mitnehmen?" fragt Bummi.

„Tante Liesel mag keine Tiere. Ihre Stadtwohnung ist auch nicht dafür geeignet."

Auch Vater ist der Ansicht, Bummi müsse Wilma helfen, daß sie wieder gesund wird. Sein allzeit fröhliches Töchterchen bringe es schon fertig. Mutter ist sehr nachdenklich. Ihre wilde Bummi paßt nicht in eine Stadtwohnung, zumal Tante Liesel ihre Zimmer sehr gepflegt hat und nicht gewohnt ist, daß Kinder darin spielen oder gar toben. Wie oft schallt fröhlicher Lärm in Mutters vier Wänden, wenn Bummi mit Wölfi Zoo spielt und sie beide brummend, knurrend und schreiend die Tiere nachahmen. Mutter seufzt tief auf.

„Hast du ein Glück!" sagt Heide ein wenig neidisch. „Vater könnte doch fragen, ob ich nicht an deiner Stelle fahren kann." Die Eltern winken ab. Heide muß fürs Abitur arbeiten und alle Kräfte einsetzen. Das ist kein Ausweg. Hans ist ungeeignet, weil er zu den vielen Schülern gehört, die sich immer an der unteren Grenze bewegen und selbst, wenn nicht gerade Hilfe, so doch von Zeit zu Zeit einen kräftigen Rippenstoß nötig haben, damit sie besser „spuren".

Fiete erbietet sich, Mohrle zu sich zu nehmen. Wölfi bettelt um Pimpchens Pflege und ist überglücklich, daß ihm die Maus anvertraut werden soll. Für Kerlchen und die Wellensittiche sorgt Hans, Heide übernimmt die Tauben und den Laubfrosch. Das Küken ist bei Tante Johanna gut aufgehoben. Bummi ist halb getröstet, und fast freut sie sich auf Frankfurt. Alles ist so erregend. Vater meldet sie in der Schule ab. Bummi wird für drei Monate beurlaubt; sie soll in Frankfurt zur Schule gehen. Mutter sitzt viele Stunden an der Nähmaschine und bringt Bummis Kleider in Ordnung. Sie behauptet, man könne sehen, wie Bummi von Minute zu Minute wachse. Darüber muß selbst Vater lachen, und er rechnet aus, wann Bummi bei einem Millimeter Wachstum in der Minute mit dem Kopf durch die Zimmerdecke stoßen wird.

Bummi geht in den Garten. Das Wetter ist umgeschlagen. Die Sonne scheint warm. Die Knospen an Bäumen und Sträuchern sind aufgesprungen. Tulpen entfalten flammende Kelche. In den leuchtendgelben Blüten der Narzissen funkeln noch die Tropfen vom letzten Regen. Bummi nähert sich leise der Hecke, wo der Zaunkönig sein Nest gebaut hat. Drei Eier liegen darin. Aufgeregt fliegen die Vogeleltern davon, als sie hineinspäht. Bummi verläßt den Garten und überquert die Straße.

Tante Johanna zeigt ein strahlendes Gesicht. Zwanzig junge Gänschen watscheln über die Wiese. Bummi lacht auf. Ein helles Piepiepiep erfüllt die Luft. Im Stall bewacht die Henne eifersüchtig das Nest. Ein Küken ist schon aus der Schale gekrochen. Bummi möchte es gern sehen, aber die Henne plustert sich zornig auf. Die Kühe Blume und Stern haben beide ein Kälbchen geboren. Und die Schwalben sind wieder da. Unter dem Scheunendach bauen sie ihre Nester. Hin und her fliegen sie. Statt mit all den Tieren glücklich zu sein, sieht Bummi traurig drein. Mutti merkt es sofort, als sie heimkommt. „Nun, mein

Kind, was ist dir denn übern Weg gelaufen?" fragt sie.

„Ach, Mutti, ich glaube, ich kann gar nicht hier weg", antwortet sie zögernd.

Frau Fröhlich ist bestürzt. „Wird es dir so schwer, von hier fortzugehen, Kind?" fragt sie. „In den letzten Tagen warst du doch so fröhlich wie sonst auch?"

Da bricht es aus Bummi heraus. Sie erzählt von Tante Johannas allerliebsten Wuschelgänschen, von der eifersüchtigen Henne, von den niedlichen Kälbern, von den Schwalben und den Eiern des Zaunkönigs und von dem Bachstelzenpaar, das in einer Lücke hinter der Dachrinne wohne. Gerade jetzt könne sie einfach nicht weg.

Als Bummi im Bett liegt, kommt Mutter zu ihr. Sie macht kein Licht. Sie setzt sich zu ihrem Kind auf den Bettrand und spricht ganz ernst mit ihm. Wenn man jemand helfen könne, dürfe man nicht an sich selbst denken. Wie oft möchte sie, die Mutter, die Hände einfach in den Schoß legen und nichts tun. Das könne sie nicht, weil sie immer bestrebt sei, es ihren Kindern und dem Vater gemütlich zu machen.

Da schlingt Bummi die Arme um Mutters Hals und drückt ihre Wange gegen Mutters Gesicht. „Ich fahre, Mutti, und ich bleibe dort, bis Wilma gesund ist", flüstert sie.

„Das ist ein Wort, mein Kind, und gib dir rechte Mühe, desto eher kannst du wieder heimkommen. Wilma ist so zart, und Tante Liesel darf keine

Aufregungen haben, weil sie kränklich ist. Es fehlt ihnen ein fröhlicher Hausgeist. Und der sollst du ihnen sein."

Onkel Hans selbst holt Bummi mit dem Auto ab. Sie freut sich sehr und ist doch gleichzeitig traurig.

Auch Fiete ist gekommen, um Mohrle mitzunehmen, sobald Bummi abgefahren sein wird. Mutti erteilt noch Ermahnungen. Dann läßt Onkel Hans den Motor an, ein letztes Winken, und das Auto fährt zum Dorf hinaus. Onkel Hans erzählt lustige Streiche aus seiner Schulzeit, um Bummi aufzuheitern. Sie kommt aus dem Lachen nicht heraus. Als sie Hunger verspürt, kniet sie sich auf den Sitz, um von dem hinteren Polster ihr Täschchen mit den Butterbroten zu holen. Ungläubigkeit, Erschrecken und heimliche Freude spiegeln sich in Bummis Augen. Vom Sitz erhebt sich Mohrle, macht einen Buckel, reckt sich, streckt sich und läßt sich mit einem leisen Gähnen wieder nieder. Bummis Herz beginnt zu klopfen. „Onkel Hans ...", sagt sie ein wenig unglücklich. Onkel Hans horcht auf. „Was ist denn, Bummi?"

„Mohrle!" Bummi schluckt. Niemand wird ihr glauben, daß sie nicht selbst die Katze ins Auto geschmuggelt hat. Aber es ist wirklich nicht wahr. Wer kann das nur getan haben? Fiete etwa, damit sie sich in Frankfurt nicht unglücklich fühlen soll?

Onkel Hans ist verärgert. „Aber Bummi", sagt er, „du weißt doch, daß Tante Liesel keine Tiere mag, das gibt Ärger, glaub es mir."

„Ich gebe dir mein großes Ehrenwort, Onkel Hans, ich habe Mohrle nicht eingeschmuggelt." Sie schluckt schon wieder.

„Nicht weinen, Kind", begütigt Onkel Hans. „Vielleicht macht Tante Liesel gute Miene zum bösen Spiel. Wir wollen mal abwarten. Schlimmstenfalls schicken wir Mohrle zurück." Bummi gibt dem Onkel einen herzhaften Kuß auf die Backe, so froh ist sie. „Wilma wird sich bestimmt freuen", sagt sie überzeugt. „Mutti sagt, Wilma muß viel Freude haben, damit sie nicht mehr länger ein krankes Hühnchen bleibt." Onkel Hans hat seine eigenen Gedanken. Seine Frau ist nicht wie Bummis Mutter, die gar nicht an sich denkt, sondern immer nur an ihre Kinder, und die ihnen jedes Vergnügen gönnt.

Klopfenden Herzens steigt Bummi die Treppenstufen empor und drückt auf die Klingel. Die Tür fliegt auf, und Wilma fällt ihr mit einem Freudenschrei um den Hals. Tante Liesel küßt Bummi auf beide Wangen. „Wir freuen uns, daß du da bist", sagt sie. „Und nun komm herein, der Kaffeetisch ist schon gedeckt." Bummi blickt sich um. Da kommt auch schon Onkel Hans. Auf dem Arm trägt er Mohrle. Gespannt sieht Bummi in Tante Liesels Gesicht. Als diese die Katze erblickt, ist jede Spur von Freude verflogen. „Was soll das?" fragt sie böse. „Du weißt, daß ich Katzen nicht ausstehen kann."

„Entschuldige, Liesel", bittet Onkel Hans, „dieses süße Vieh hat sich in den Wagen geschlichen.

Bummi ist völlig unschuldig." Er drückt seinem niedergeschlagenen Nichtchen die Katze in den Arm. Wilma streichelt über Mohrles Fell. Sie wagt nicht, sich zu freuen, weil Mutter ein so böses Gesicht macht. Oh, Wilma sehnt sich oft nach einem kleinen Tier. Aber Mutti will in ihrer Stadtwohnung keine Tiere haben.

„Wilma, du wäschst dir sofort die Hände!" befiehlt die Mutter. „Und du, Hans, kannst die Katze in die Garage sperren. Ich will sie nicht in der Wohnung haben."

„Auch nicht in der Küche?" wagt Bummi schüchtern zu fragen. „Nein!" sagt die Tante.

„Sei gut, Liesel", bittet Onkel Hans. „Wir schicken Mohrle morgen wieder zurück, dann bist du erlöst." Und Bummi nickt mit Tränen in den Augen. Sie trägt Mohrle in die Garage.

Der schöne Kuchen will Bummi nicht munden. Es ist ihr, als ob sie hier in dem großen, hübschen Zimmer gar nicht atmen könne. Wie schön ist es doch zu Hause. Da kann Mohrle vom Keller bis zum Dachboden das Haus durchstreifen, und alle sind fröhlich, selbst wenn sie sich hier und da streiten.

Sobald es möglich ist, schlüpft Bummi aus dem Haus und horcht an der Garagentür. Mohrle kratzt am Holz und miaut kläglich. „Still, Mohrle, sei lieb!" versucht Bummi der Katze zuzureden. Aber das Miauen wird immer kläglicher, je mehr Bummi zu trösten versucht. Da geht sie traurig ins Haus zurück.

„Du bist gar nicht lustig!" klagt Wilma. Bummi schüttelt den Kopf. „Ich bin traurig, Mohrles wegen", antwortet sie. Sie hat auch ein bißchen Heimweh, aber das sagt sie nicht. Vielleicht weiß sie es nicht einmal, aber sie kann nicht fröhlich sein. Sie blättert unlustig in Wilmas schönen Büchern. Das Kusinchen besitzt einen eigenen Bücherschrank. An den Wänden hängen Bastmatten mit lustigen Märchenbildern. Wilma freut sich über Bummis Staunen.

Am Abend schlüpft Bummi zu Wilma ins Bett. Flüsternd erzählt sie von daheim, von Tante Johanna, von den Tieren, und es ist so schön wie früher, als sie in Olsberg Freundschaft schlossen. Da fällt Bummi das Kätzchen ein, das ganz allein in der fremden Garage hockt, wo ihm nichts vertraut ist. Bummi horcht. Wilma ist eingeschlafen, sie kann ihren Atem hören. Da schleicht sie auf Zehenspitzen aus dem Zimmer. Der Mond scheint, und sie findet zur Küche hin, wo an einem Brettchen der Schlüssel zur Garage hängt. Sie hat ihn selbst dorthin getan, als sie Mohrle Milch brachte. Mit dem Schlüssel geht sie die Treppe hinunter und läßt die Haustür offenstehen. Im Mondlicht sieht alles so düster und gespenstisch aus. Bummi huscht über den Hof. Sie hört Mohrle kläglich miauen. Schnell stößt sie den Schlüssel ins Schloß, und schon springt die Tür auf. Mohrle drängt sich ungestüm an ihre nackten Beine. Bummi bückt sich und nimmt die Katze auf den Arm. Glücklich preßt sie ihr Gesicht in das warme Fell. Sie hockt sich

auf die Stoßstange des Autos. Eine Weile sitzt sie so, und Mohrle schnurrt leise. Dann spürt Bummi, wie die Kälte von dem Zementfußboden an ihren Beinen heraufzieht. Sie zittert und sehnt sich nach ihrem weichen Bett. Aber Mohrle verlassen? Nein, lieber will sie die Kälte ertragen. Sie war schon aufgestanden, nun setzt sie sich auf die Stoßstange zurück.

Bummi muß eingeschlafen sein. Sie schreckt hoch, als ein Lastzug brummend durch die nächtliche Straße fährt. Sie reibt sich mit einer Hand die Augen. Ein Weilchen muß sie sich besinnen, ehe sie weiß, wo sie ist. „Ich nehme dich mit, Mohrle", entschließt sie sich und geht ins Haus zurück. Sie schließt die Haustür und schreckt zusammen, als ein knarrendes Geräusch entsteht. Tapp, tapp, schleicht sie mit ihren nackten Füßen über den Korridor. Die Etagentür ist lange nicht geölt, es klingt wie ein langgezogener Seufzer, als sie sich in den Angeln dreht. Erschrocken horcht Bummi. Aber nichts regt sich, alle liegen in tiefem Schlaf.

Nun steht Bummi in Wilmas Zimmer, und wieder lauscht sie. Die Angst ist von ihr gewichen. Wilma würde sie nicht verraten. Mit einem kleinen Seufzer legt sie sich in ihr Bett, Mohrle im Arm. Ganz früh, wenn sie erwacht, wird sie Mohrle in die Garage zurücktragen. Sie nimmt sich fest vor, beim ersten Morgengrauen wach zu werden. „Wenn du nicht wach wirst?" fragt eine Stimme in ihr. „Was ist, wenn du nicht wach wirst?" Bummi ist zu müde, darüber nachzudenken. „Lieber Gott, bitte, laß mich aufwachen", murmelt sie und schläft sofort ein. —

„Bummi, so wach doch auf!" Erschrocken hebt sie die Lider. Da steht Wilma und sieht sie vorwurfsvoll an. „Du hast ja Mohrle mit ins Bett genommen!" sagt sie. „Sieh dir mal dein Kopfkissen an und den Bezug. Wird Mutti schimpfen!" Bummi ist sofort hellwach. Sie springt aus dem Bett und nimmt ihre Katze auf den Arm. Ja, wahrhaftig, das ist eine üble Bescherung. Die schneeweiße Wäsche hat häßliche Tappen. „Ich will Mohrle schnell in die Garage bringen", flüstert Bummi. In diesem Augenblick geht die Tür auf, und Tante Liesel steht auf der Schwelle. Mit einem Blick sieht sie, was geschehen ist. Sie macht ein böses Gesicht, und Bummi drückt sich schuldbewußt an ihr vorbei. Sie hört noch Wilma sagen: „Wir schicken Mohrle heim wie die Krähe Jakob, aber bitte laß Bummi bei mir bleiben." Tante Liesels Antwort hört sie nicht mehr.

Bummi hat nur ein dünnes Sommerkleid übergezogen. Nun schauert sie zusammen, als sie die Haustür öffnet und die Morgenkühle ihr entgegenströmt. Zögernd geht sie zur Garage. In einem plötzlichen Entschluß bleibt sie stehen. In ein paar Stunden wird Mohrle die Heimreise antreten, dann ist sie ganz allein in der großen Stadt. „Für dich ist es ja besser, du süße Katze", murmelt sie, „aber ich werde ohne dich Heimweh haben. Vielleicht halte ich es auch gar nicht aus, hier ist alles so anders. Mutti ist so lieb." Weiter darf sie nicht denken, sonst fängt sie noch mitten auf der Straße an zu heulen. Mohrle drängt von ihrem Arm. Sie setzt es nieder, und nun muß sie aufpassen, daß es ihr nicht wegläuft.

Die Straße führt zu einem großen Platz, auf dem es geschäftig hergeht. Bummi nimmt Mohrle auf den Arm. In den frühen Morgenstunden oder gar in der Nacht muß wohl ein Zirkus angekommen sein. Braungebrannte Männer und Frauen rennen, schreien, lachen und schimpfen durcheinander. Sie bauen ein Riesenzelt auf. Aus den am Straßenrand stehenden Wagen werden Dinge ausgeladen, die Bummi gar nicht kennt. Kälte und Kummer sind vergessen. Sie schaut aufmerksam zu.

Neue Wagen rollen heran. Tiere müssen darin sein. Affen kreischen, ein Elefant trompetet. Mohrle schmiegt sich erschrocken an Bummi.

Immer näher schiebt sich Bummi an den Wagen mit den Affen heran. Zu gern möchte sie eins der Tiere sehen. Männer, die wie Zigeuner aussehen, kommen und schieben die Käfige heraus. Ein Wärter befreit den Elefanten von seiner Kette. Der streckt den Rüssel aus und trompetet fröhlich in den Morgen hinaus. Mohrle ist heftig zusammengefahren. Jetzt springt es von Bummis Arm und klettert blitzschnell am Stamm einer sehr hohen Buche hinauf. Da trompetet der Elefant noch einmal. Immer höher klettert Mohrle, obwohl Bummi es zurückruft. Wenn der Elefant doch nur aufhören wollte zu trompeten! Mohrle hat die Spitze erreicht. Dort verharrt es, ängstlich angeklammert, mag Bummi rufen und betteln, wie sie will. Der Schreck sitzt zu tief.

„Der Baum ist mindestens sechzehn Meter hoch", sagt ein Junge neben ihr. Es ist einer von den braungebrannten Burschen, die vom Zelt zu den Wagen rennen und wieder zurück. Sie bringen wohl Nachrichten hin und her. Bummi fängt

vor Angst an zu weinen. Tante Liesel wird warten und sehr böse sein. Aber sie kann hier nicht weg, sie kann Mohrle nicht im Stich lassen. Menschen sammeln sich an. Man weiß nicht, woher sie gekommen sind. Alle geben Ratschläge. Bummi versucht, auf den Baum zu klettern. Sie gibt es schnell wieder auf, weil es aussichtslos ist, jemals zu Mohrle zu gelangen. Wie sieht sie nach dem Kletterversuch aus! Arme und Beine sind verschrammt, das Kleid ist schmutzig und zerrissen. Wie wird die Tante schimpfen! denkt sie.

Der braungebrannte Junge kommt mit einem sehnigen Mann und einer schwarzhaarigen Frau. In einer fremden Sprache spricht die Frau auf den Mann ein, der ein paarmal die Achseln zuckt. Dann wendet sie sich an Bummi: „Nicht weinen, Pedro wird helfen, wird holen Minuschka."

Pedro läuft davon, und Bummi, die schon Hoffnung gefaßt hatte, läßt den Mut sinken. Pedro ist in einem Eingang des Zeltes verschwunden. Da kommt er zurück. Er trägt mit Hilfe eines jungen Mannes eine lange Stange. „Bravissimo, Amerigo!" ruft die Zigeunerin neben Bummi. In ihrem braunen Gesicht blitzen die weißen Zähne. Sie klatscht in die Hände, daß die vielen goldenen Reifen an ihren Armen klirren. Als die Umstehenden sehen, was Amerigo vorhat, klatschen sie auch Beifall. Amerigo stemmt die Stange hoch in die Luft. Pedro spuckt in die Hände. Dann klettert er die Stange hinauf, die hin und her schwankt.

Gebannt verfolgen die vielen Menschen, wie er sich Meter um Meter höher schiebt. Jetzt ist er in Mohrles Höhe. Nur mit den Füßen an die Stange geklammert, greift er das verängstigte Kätzchen. Die Zuschauer halten den Atem an, dann bricht ein Sturm der Begeisterung los.

Pedro hat Mohrle in seine Bluse gesteckt und läßt sich an der Stange abwärts gleiten. Unzählige Male ist er mit Amerigo aufgetreten und hat oben an der Stange gefährliche Übungen gezeigt. Jetzt lächelt er wie nach einem gelungenen Auftritt. Er springt auf den Boden und verneigt sich gemeinsam mit Amerigo. „Kommen Sie heute abend in unseren Zirkus; da werden Sie bessere Kunststücke sehen!" ruft er. Pedro reicht Bummi das verängstigte Kätzchen mit einer tiefen Verbeugung. In ihrer Freude drückt Bummi dem Retter einen Kuß auf die braungebrannte Wange. Pedro grinst und meint, das sei ein schöner Dank.

Bummi bahnt sich einen Weg durch die Menschenmenge. Sie muß fort, zu Tante Liesel. Sie wird nach ihr gesucht haben, weil sie ja nur bis zur Garage wollte. Sie beginnt zu laufen, um wenigstens etwas von der verlorenen Zeit aufzuholen. Aber je mehr sie sich Tante Liesels Wohnung nähert, desto langsamer werden ihre Schritte. Sie hat Angst. Dann steigt Trotz in ihr auf. Sie wird nicht bleiben, wo man Mohrle nicht liebt. Sie drückt das Gesicht an das weiche Fell des Tieres, das sich noch immer fest in ihre Armbeuge schmiegt. Der Trotz gibt Bummi ihren Mut zurück. Man soll sie ruhig zurückschicken. Sie ist ja nur schweren Herzens von zu Hause weggegangen. Der Zaunkönig in der Hecke fällt ihr ein, die kleinen Gänse, dann Pimpchen.

Als Bummi endlich vor Tante Liesel steht, rinnen ihre Tränen. Die erwarteten bösen Worte bleiben aus. „Ich habe mir solche Sorgen um dich gemacht, Kind. Wo bist du nur so lange gewesen? Du darfst nie mehr allein von Hause fortgehen!" sagt die Tante, und aus ihren Worten spricht mehr Angst als Vorwurf.

„Mohrle ist auf einen ganz hohen Baum geflüchtet und konnte nicht mehr zurück. Ich konnte es nicht im Stich lassen." Bummi schluchzt in der Erinnerung an die voraufgegangene Aufregung.

In der Tür steht Wilma in ihrem hellblauen Nachthemd, das bis auf die Füße herabreicht. In diesem Augenblick sieht Bummi, wie mager das Kusinchen ist. Sie hat gestern nicht darauf geachtet. Das feine Gesichtchen ist weiß wie die Wand. Erschrocken sehen ihre großen Augen von der Mutter zu Bummi. Angstvoll fragt sie: „Du willst doch Bummi nicht wieder heimschicken, Mutti?"

Tante Liesel schüttelt den Kopf. „Nein, mein Kind, ihr sollt es gut miteinander haben, und wenn Bummi sich von ihrer Katze so schwer trennen kann, mag sie sie behalten. Ich werde ihr in der Küche einen Korb hinstellen." Bummi kann es gar nicht fassen, was die Tante, die keine Tiere mag, da sagt. Mohrle darf bleiben! Sie bricht in einen Jubelruf aus und umarmt Tante Liesel und Wilma.

„In zehn Minuten gibt es Kakao und Honigbrote!" verkündet die Tante. Bummi hilft Wilma beim Anziehen und erzählt ihr dabei von den aufregenden Ereignissen am frühen Morgen. Das Kusinchen lauscht gespannt. Oh, diese Bummi!

Was die nicht alles erlebt! Nein, sie gibt sie vorerst nicht wieder her. Sie fühlt sich plötzlich nicht mehr krank. Und gleich am Frühstückstisch wird sie zwei Butterbrote essen, damit Mutti sieht, wie gut es ist, daß sie Bummi nicht wieder wegschickt. Wilma hält das Versprechen, das sie sich selbst gegeben hat. Es fällt ihr schwer, die zweite Brotschnitte zu Ende zu essen. Aber sie schafft es, und Mutti nickt ihr erfreut zu.

„Darf ich mit Vati telefonieren und ihm erzählen, daß ich schon zwei Butterbrote essen kann?" fragt Wilma. Ehe die Mutter noch antwortet, steht sie schon am Telefon, nimmt den Hörer und wählt.

„Vati", ruft sie in das Telefon, „denk nur, ich habe zum ersten Mal zwei ganze Brotschnitten gegessen. Und Bummis Katze ist in einen ganz hohen Baum geklettert. Pedro und Amerigo vom Zirkus haben sie heruntergeholt. Es war sehr aufregend!" sprudelt Wilma heraus.

„Hast du Fieber, Wilma?" fragt Vater besorgt. Da lacht das Kind fröhlich und silberhell. Sie läßt Bummi ans Telefon, die zuerst stockend, dann fließend von ihrem Abenteuer am frühen Morgen erzählt. Sie verschweigt nicht, daß sie Mohrle ins Haus geschmuggelt hat und wie es zu ihrem heimlichen Ausflug gekommen ist. Onkel Hans lacht dröhnend. Als er am Abend heimkommt, hat er Karten für den Zirkus in der Tasche, er hat sich freigenommen und wird am nächsten Tag nachmittags mit den Kindern die Vorstellung besuchen.

„Hans, hast du vergessen, daß Wilma noch nicht aus dem Haus darf?" fragt Tante Liesel vorwurfsvoll. Wilmas strahlendes Gesicht verzieht sich weinerlich.

„Wer wird denn gleich heulen!" scherzt Onkel Hans. „Ich rufe Doktor Fronemann an, er wird es einsehen, daß Freude gesund macht." Ganz so leicht ist es nicht, den Arzt zu überzeugen, obwohl der Vater anführt, daß Wilma jetzt wirklich auf dem Weg der Genesung ist und der Appetit zurückkehrt. Bummi flüstert Wilma zu, daß sie auf keinen Fall ohne sie gehen werde. Dann wolle sie lieber bei ihr bleiben und ihr lustige Streiche erzählen. Aber Onkel Hans bekommt die Erlaubnis, sein Töchterchen mitnehmen zu dürfen.

Wie langsam die Zeit auf einmal kriecht. Wilma will erst murren, weil sie wie täglich ihren Mittagsschlaf halten muß. Sofort erklärt sich Bummi bereit, sich auch hinzulegen. Betrübt fügt sie sich, als Tante Liesel erklärt, sie dürfe nicht mit Wilma im gleichen Zimmer schlafen; dabei komme nichts Gutes heraus, sie seien beide zu erregt und würden nur vom Zirkus erzählen. In der Tat hatten beide Kinder die Absicht, sich mit Plaudern die Schlafzeit zu verkürzen. Wilma schläft sofort ein. Die Vorfreude und das Spiel mit Bummi am Morgen haben sie erschöpft.

Obwohl es taghell ist, erstrahlt der Zirkus im Licht der tausend Lampen. Die Musik schmettert, und das große Rund ist dichtgedrängt voller Kinder mit ihren Eltern. Wilma umklammert in der

Erregung fest des Vaters Hand. Er spürt, daß ihr Händchen heiß ist. Vielleicht wäre es doch besser gewesen, nicht in den Arzt zu dringen und die Erlaubnis zu holen? Besorgt sieht er Wilma an. Sie lächelt glücklich zu ihm auf. Ihre Augen strahlen, und die Wangen glühen. Nein, die Freude wird ihr nicht schaden.

Die Vorstellung beginnt. Bunte Lichtkegel gehen von den Scheinwerfern aus. Ein Clown, der neben einem Elefanten hertrottet, ergötzt die Kinder mit seinen Späßen. Dann treten Pedro und Amerigo auf. Wie gewandt Pedro an der Stange heraufturnt! Dort oben auf der Spitze zeigt er seine halsbrecherischen Kunststücke. Bummi und Wilma schauen atemlos zu. Fast will ihnen das Herz stillstehen vor Angst um Mohrles Retter. Sie atmen auf, als Pedro geschmeidig herabgleitet. „Pedro! Amerigo!" Bummi klatscht wie besessen und ruft die Namen ihrer Freunde.

Nach der Vorstellung fragt Onkel Hans, wo er Pedro und Amerigo finden könne. Man weist ihm den Weg zwischen Wohnwagen und Käfigen. Er spürt, wie sich die Hände der Kinder fester an ihn klammern. Sie finden Amerigo und Pedro in ihrem winzigen Wohnraum. Sie kommen heraus und setzen sich auf die Treppe des Wagens. Bummi überreicht ihnen Zigaretten, die Onkel Hans zu diesem Zweck gekauft hatte, und die beiden Zirkusleute bedanken sich mit reichem Wortschwall. Ein Elefant trompetet. Es klingt richtig böse, und Wilma zuckt zusammen. „Das ist Jumbo", sagt

Pedro. „Er hat eine Halsentzündung, und der Doktor ist bei ihm."

„Eine Halsentzündung?" fragt Bummi erstaunt. Sie hat noch nie daran gedacht, daß ein so mächtiges Tier wie der Elefant an einer Halsentzündung erkranken kann. Als sie den Weg zwischen den Wohnwagen zurückgehen, schauen sich die beiden Kinder neugierig um. Sie haben ihre Scheu verloren. Bummi schnuppert. Die Zirkusluft ist richtig aufregend. Ein Herr in einem weißen Kittel begegnet ihnen. Das ist bestimmt der Tierarzt, denkt Bummi. „Wie geht es Jumbo?" fragt sie.

„Danke, kleine Dame, es ist nicht sehr schlimm mit ihm", gibt der Arzt freundlich Auskunft.

Tante Liesel hält sich beide Ohren zu, als die Kinder laut von ihren Erlebnissen berichten. Wilma muß sich sofort legen, weil sie noch ganz aufgeregt ist.

Kann man Freundschaft kaufen?

Voller Neugier und doch mit ein wenig Herzklopfen geht Bummi den Weg zur Schule, die sie nun täglich in Frankfurt besuchen muß. Wilma ist so weit hergestellt, daß ihr eine Privatlehrerin zwei Stunden am Vormittag Unterricht gibt. Bummi kennt ihren Weg. Tante Liesel hat sie zur Anmeldung mitgenommen. Als Bummi kurz vor acht Uhr durch das Schultor tritt, bleibt sie einen Augenblick zögernd stehen. Sie sieht nur fremde Gesichter. Die Mädchen aus den unteren Klassen laufen über den Hof, fangen und necken sich, die der mittleren Klassen gehen gesittet. Sie versuchen schon, es denen der Oberstufe in Haltung und Gang gleichzutun. Die großen Mädel, die wie junge Damen aussehen, stehen in einem Kreis und unterhalten sich über ein ernstes Thema. Man sieht es ihren Gesichtern an.

Bummi hört hinter sich eilige Schritte. Ehe sie sich umwenden kann, bekommt sie einen Stoß in den Rücken. „Hoppla — Entschuldigung!" Bummi sieht in ein pausbäckiges Gesicht, das von zwei dicken Zöpfen umrahmt wird. Die blauen Augen strahlen sie an.

„Bist du nicht — ja, du bist es!" sagt das Mädchen. Bummi muß unwillkürlich lachen. Den Stoß hat sie nicht übelgenommen. „Ich hab' dich vor ein paar Tagen gesehen. Du bist das Mädchen mit der Katze, die in den großen Baum geflüchtet war." Bummi nickt. Obwohl sie beide sich vor ein paar Minuten noch gar nicht gekannt haben, ist es, als ob sie einander nicht fremd wären.

„Ich bin Gabi Rittenbruch", sagt das Mädchen. „Hoffentlich bist du die Neue, die in unsere Klasse kommt."

„Ich heiße Bummi Fröhlich. Fein, daß wir uns hier treffen, da kannst du mich gleich mitnehmen." Sie laufen zum Schulgebäude hin, denn es hat schon geschellt, und die Mädchen stellen sich auf.

„Schade, daß du nicht neben mir sitzen kannst", plaudert Gabi weiter. „Ich habe schon eine Banknachbarin, wir sind bisher Freundinnen gewesen. Du sollst sicher neben Vögelchen sitzen. So nennen wir Regine Fink. Hoffentlich wirst du sie ein wenig mögen. Niemand in der Klasse ist ihr zugetan, obwohl sie keiner Seele etwas zuleide tut."

Als Gabi sich mit Bummi ihrer Klasse anschließt, wenden sich ihnen alle Gesichter zu. Neugierige Blicke streifen Bummi. Ein Tuscheln geht durch die Reihe und macht Bummi ganz verlegen. Sie greift unwillkürlich nach Gabis Hand. Die lacht ihr aufmunternd zu.

Bummi bekommt ihren Platz tatsächlich neben Vögelchen in der letzten Bank. Vögelchen ist ein kleines schmales Mädchen mit blassem Gesicht. Obwohl es noch kühl ist, trägt sie ein verschossenes Sommerkleidchen, das ihr zu kurz geworden ist. Als sie ihr Lesebuch hervorholt und es Bummi zuschiebt, damit sie zusammen hineinsehen können, zieht sich Bummi unwillkürlich zurück. Auf den Seiten sind Fettflecke. Im Hause Fröhlich ist es oberstes Gesetz, Bücher und Hefte sauberzuhalten. Später bemerkt sie auch, daß Vögelchen den abgerissenen Saum ihres Kleides mit einer Sicherheitsnadel festgesteckt hat. Immer mehr rückt sie von ihr ab. „So eine schlampige Liese!" empört sie sich innerlich. „Hoffentlich brauche ich nicht immer neben ihr zu sitzen!" Gern wäre sie Gabis Banknachbarin, und sie ist fast ein wenig eifersüchtig auf das Mädchen, das neben Gabi sitzt. Regine Fink bemerkt Bummis Abrücken und sieht sie traurig an. Bummi fühlt sich unbehaglich. Sie ist froh, als es schellt.

Sofort kommt Gabi zu ihr. „Du mußt mich bald besuchen", lädt sie Bummi ein. „Wir haben ein Gut im Taunus. Du mußt Axel kennenlernen. Axel ist ein Pferd, und es kommt über die Terrasse in Vaters Zimmer und holt sich Zuckerstücke."

Bummi ist ganz aufgeregt. „Ist das wirklich wahr?" fragt sie. „Darf ich kommen?"

„Aber sicher!" sagt Gabi, und sie erzählt von den anderen Tieren auf Gut Rittenbruch. In allen Pausen stecken Bummi und Gabi ihre Köpfe zusammen. Sie erzählen nur von ihren Tieren. Gabi möchte Pimpchen kennenlernen. Eine dressierte Hausmaus hat sie noch nie gesehen. Weder Gabi noch Bummi fällt es auf, daß Regine ihnen mit brennenden Augen nachsieht. Sie wagt es jedoch nicht, sich den beiden zuzugesellen. In ihrem verwaschenen und zu kurzen Kleid ist sie schon oft verspottet worden.

Bei Tisch erzählt Bummi begeistert von Gabi Rittenbruch und ihrer Einladung. Plötzlich bemerkt sie, daß Wilma ganz böse Augen macht. Sie ist eifersüchtig! schießt es Bummi durch den Kopf. „Du kommst natürlich auch mit", sagt sie, „ich werde es Gabi gleich morgen sagen, sie ist sehr lieb." Wilmas Augen sind sofort wieder blank.

„Ihr dürft nicht vergessen, daß Wilma nur erst zwei Stunden am Nachmittag in die frische Luft hinaus darf", erinnert Tante Liesel. Bummi brennt darauf, Axel kennenzulernen. Aber sie sagt tapfer: „Dann warten wir noch, bis Wilma wieder kräftig genug ist." Niemand weiß, welch ein großes Opfer sie damit bringt.

„Du fährst an einem Samstag nach der Schule mit Gabi, und wir bringen Wilma am Sonntagnachmittag mit dem Wagen", schlägt Tante Liesel vor, die wohl gemerkt hat, wie schwer der Entschluß Bummi gefallen ist. Wilma bekommt einen Augenblick wieder ihre bösen Augen. Dann besinnt sie sich. „Du darfst aber Gabi nicht lieber haben als mich", flüstert sie Bummi ins Ohr. Die schüttelt den Kopf.

Am nächsten Tag erzählt Bummi ihrer neuen Freundin von ihrem kranken Kusinchen Wilma. Gabi ist sofort bereit, auch Wilma einzuladen. „Ich komme heute oder morgen mit dir", verspricht sie. „Wenn unser Knecht Andreas mich mit dem Lieferwagen abholt, muß ich meistens bis drei Uhr warten, ehe er alle Besorgungen gemacht hat. Dann lerne ich Wilma gleich kennen."

Bummi beachtet Regine nicht. Die sitzt still und ohne Bewegung neben ihr in der Bank. Wenn sie versucht, Bummi ihre Bücher zuzuschieben, rückt Bummi von ihr ab. Das tut Regine weh. Sie zerbricht sich den Kopf, wie sie Bummis Freundschaft gewinnen kann. Noch nie hat sie ein Mädchen so lieb gehabt wie ihre neue Banknachbarin. Sie kann sie nicht zu sich einladen. Sie wohnen in einer häßlichen Wohnung in einem Hinterhof, und sie besitzt nicht mal ein Schubfach, das ihr ganz allein gehört.

Auch hat sie nichts, was sie ihr schenken könnte, um sich ihre Zuneigung zu erwerben. Ja, doch, den goldenen Armreifen, den ihr ihre Patentante zur Taufe geschenkt hat. Mutter hat ihn ihr aufbewahrt. In einem mit blauem Samt ausgeschlagenen Kästchen liegt er zwischen Wäschestücken, tief unten im Fach des Kleiderschrankes.

Regine kann an diesem Abend nicht einschlafen. Sie trägt einen heißen Kampf mit sich aus. Sie will Bummi den Reifen schenken. Aber es dauert noch viele Tage, bis sie entschlossen ist, ihren einzigen Besitz zu opfern, um Bummis Freundschaft zu erwerben. Bevor Mutter von ihrem schweren Dienst im Kaufhaus zurückkommt, hat sie ihn in Papier verpackt und in ihre Tasche geschoben.

„Du bist heute so nervös, Kind", sagt die Mutter am Abend. „Ist etwas in der Schule schiefgegangen?"

Hastig verneint Regine. Sie reißt sich zusammen, aber sie kann nicht verhindern, daß ihre Hand zittert, als sie den Suppenlöffel hält.

„Es wird dir zuviel, für die Schule zu arbeiten und noch für die Geschwister zu sorgen, das ist es", sagt Frau Fink bekümmert. „Nur mußt du noch eine Zeitlang durchhalten, bis ich das Geld zurückgezahlt habe, das Vater sich für seine Amerikareise geliehen hatte. Bald wird es soweit sein, dann bekommst du auch ein schönes Kleid, und die Kleinen sollen es besser haben."

Frau Fink seufzt. Ihre Gedanken wandern zu ihrem Mann hin. Ihn lockte ein gutes Angebot nach Südamerika. Hals über Kopf gab er seine gute Stellung als Tiefbauingenieur auf, nahm ein Darlehen von einer Bank und fuhr frohgemut über den Ozean. Aber das Tropenklima bekam ihm nicht, es warf ihn schon bei seiner Ankunft aufs Krankenlager. Seinen Posten, den er nun nicht antreten konnte, verlor er. Die Krankheit verschlang seine ganze Barschaft. Die Sorge um seine Familie, um den verlorenen Posten und um das geliehene Geld fraß wie das Fieber an ihm, und er starb nach schweren Monaten im fremden Land. Frau Fink mußte sich eine Arbeit suchen. Die Bank bedrängte sie hart. Sie fand im Kaufhaus eine Stelle als Abteilungsleiterin. Dort hatte sie als junges Mädchen gearbeitet, und man stellte sie sofort wieder ein, weil sie immer fleißig und ehrlich gewesen war. Verläßliche und gewissenhafte Leute sind immer gern gesehen.

„Mach dir keine Sorgen, Mutter", unterbricht Regine deren schwere Gedanken. „Ich helfe dir gern, soviel ich kann."

Die Mutter verrichtet alle Arbeit, die sich im Sitzen erledigen läßt. Die Hoffnung, ihren Kindern bald ein leichteres Leben verschaffen zu können, gibt ihr den Mut durchzuhalten. Sie werden sich dann eine schönere Wohnung nehmen. Vielleicht glückt es, in einem der neuen Siedlungshäuser am Stadtrand unterzukommen. Die Häuser haben große Gärten. Und Spielplätze gibt

es da. Ihr Blick geht über die beiden Buben Stefan und Michael hin. Sie haben vor Müdigkeit kleine Augen, und sie schickt sie schlafen. „Du wirst auch müde sein, Regine", sagt sie. Aber das Mädchen zuckt mit den Schultern und arbeitet an ihrem englischen Hausaufsatz.

Stefan stürzt im Vorbeigehen ein Glas Wasser um, das auf dem Tisch steht, und Spritzer verwischen die Schrift in Regines Heft. Ihre Schultern zucken in verhaltenem Weinen. Sie sehnt sich so nach einem Eckchen, das ihr allein gehört. Wie sauber würde sie dann Bücher und Hefte halten! Wie oft muß sie bei ihren Aufgaben aufhören und zwischendurch den Kaffeetisch für die Geschwister decken oder das Abendessen bereiten, damit Mutti Ruhe hat, wenn sie müde und zerschlagen heimkommt.

Die Kleinen — außer Stefan und Michael sind noch der vierjährige Werner und die zweijährige Hilde da — haben kein Verständnis für Regines Bücher, und in unbewachten Augenblicken machen sie sich darüber her, denn Regine hat nicht immer Zeit, die Bücher wegzuräumen. Sie lernt zwischen den Haushaltsverrichtungen. Immer wieder wirft sie einen Blick in das aufgeschlagene Buch und sagt sich das Gelernte auf, während sie fegt und Staub wischt oder die Milchsuppe rührt. Es ist ein sehr schweres Leben für ein zwölfjähriges Mädchen. Und nun sehnt sie sich nach einer Freundin wie Bummi, denn sie hat Vertrauen zu dem Mädchen aus Olsberg.

Bummi hat inzwischen eigene Schulbücher. Sie schlägt das Englischheft auf. Da schiebt Regine ein Päckchen zu ihr herüber, das in Zeitungspapier gewickelt ist. Neugierig öffnet Bummi, und ein Laut der Überraschung entfährt ihr. Vor ihr liegt ein wunderschöner goldener Armreifen, wie ihn nicht einmal Heide besitzt, geschweige denn Bummi. Schmuck kennt sie nicht, außer einem Ring, den sie im ersten Schuljahr bei ihrer Freundin Annegret gegen drei Locken eingetauscht hat. Die Lust, einen solchen Armreifen zu besitzen, steigt in ihr auf. Sie streift ihn probeweise über den Arm. Regine folgt ihrem Tun mit großen Augen. Aber da zieht Bummi den Reifen auch schon wieder ab und schiebt ihn ihr zu.

„Du kannst ihn behalten", flüstert Regine, „er gehört mir. Meine Patentante hat ihn mir geschenkt, und ich kann damit machen, was ich will." Wieder wandert der Reifen zu Bummi. Die Lehrerin ist aufmerksam geworden. „In der letzten Bank wird nicht aufgepaßt!" tadelt sie. Regine senkt den Kopf, und Bummi wagt nicht, den Reifen wieder zurückzugeben.

Als es endlich klingelt, flüstert Regine Bummi zu: „Bitte, behalt den Reifen! Ich schenke ihn dir gern." Bummi sieht Regine an. Sie bemerkt deren große, traurige Augen, und zum ersten Male bleibt sie in der Pause bei ihr. Gabi ist erstaunt, die Freundin in einem Gespräch mit der Banknachbarin zu finden. Sie plaudern zu dritt, und Regine ist glücklich.

Nach der Schule wartet Bummi auf Regine, die immer als letzte geht, damit die Mädchen nicht hinter ihr herrufen können. „Du, ich kann den Armreifen aber nicht behalten", sagt sie, „ich möchte ihn nur heute einmal mitnehmen. Ich habe mir nämlich schon lange ein Armband gewünscht."
Regine bemerkt das begehrliche Funkeln in den Augen von Bummi, die den Reifen übergestreift hat.

„Ich schenke ihn dir wirklich", sagt Regine, „ich mache mir nichts daraus."

„Dann mußt du aber auch meine Freundin sein", sagt Bummi nach einer Weile, und Regine nickt. Sie kann nicht sprechen, weil eine heiße Freude sie durchflutet. Endlich steht sie nicht mehr allein in der Klasse. Und gerade Bummi, die bei allen Mädchen beliebt ist, wird zu ihr halten. Sie verabschiedet sich am Höhenweg von ihr, weil sich hier ihre Wege trennen.

Bummi erzählt Wilma nichts von dem kostbaren Geschenk. Sie weiß ja auch noch gar nicht, ob sie den Reifen wirklich behalten wird. Aber ein paar Tage möchte sie ihn wenigstens tragen. Während Wilma ihren Mittagsschlaf hält, erledigt Bummi immer ihre Hausaufgaben, damit sie sich später ganz mit dem Kusinchen beschäftigen kann. Heute wird nicht viel aus der Arbeit. Der Reifen, der an ihrem Arm glänzt, zieht ihre Gedanken ab. Als sie Wilmas leichten Schritt hört, versteckt sie den Schmuck in ihrer Büchertasche.

Tapfere Regine

Wilma hält ihre Mittagsruhe, und auch Tante Liesel hat sich in ihr Schlafzimmer zurückgezogen. Bummi packt Hefte und Bücher aus ihrer Mappe auf den Tisch. Eine verfrühte Fliege trippelt über die Decke, bleibt stehen, streichelt mit den Beinchen über die Flügel und umfliegt dann summend Bummis Kopf. Diese bemerkt es nicht einmal. Sie hat den goldenen Armreifen übergestreift. Liebe Regine! denkt sie dankbar. Nie könnte sie selbst ein so großes Opfer bringen. Die Sonne flutet in einer breiten Bahn ins Zimmer, und Bummi hält den Arm mit dem Reifen ins Licht und freut sich an seinem funkelnden Glanz.

Mitten im Spiel öffnet sich die Tür. Das läßt Bummi heftig zusammenfahren. Tante Liesel ist es. Sie sieht den Schreck des Kindes und bemerkt das gleißende Gold an seinem Arm. „Was hast du denn da, Bummi?" fragt sie. „Gehört dir der Reifen? Du hast ihn ja bis jetzt noch nie getragen."

Bummi hat bei den Fragen den Kopf geschüttelt und ist errötet. „Meine Banknachbarin Regine Fink hat ihn mir geschenkt. Ich wollte ihn nicht annehmen, aber sie hat so sehr gedrängt", sagt sie.

Tante Liesel läßt sich den Reifen aushändigen, und sie sucht nach dem Stempel. „Um Himmels willen, Kind, du trägst den Reifen sofort zurück. Es ist ein wertvolles Stück, und Regines Mutter hat bestimmt nicht die Erlaubnis gegeben, ihn zu verschenken."

Darüber weiß Bummi nichts. „Es ist ein Geschenk ihrer Patentante, es gehört ihr ganz allein."

„Du wirst ihn sofort zurücktragen und dich bei der Mutter entschuldigen", ordnet Tante Liesel an. Bummi fügt sich ohne Widerspruch. Sie klappt ihre Hefte und Bücher zu und zieht ihr weißes Wolljäckchen über das dunkelblaue Kleid. Sie ist sehr unglücklich, weil sie ihren Besitz so schnell wieder hergeben muß. Aber das weiß sie: Regine bleibt ihre Freundin. Es ist eigentlich beschämend, daß sie sah, wie allein Regine stand, wie einsam sie war. Wenn sie an Regines ärmliche Kleidung denkt, schämt sie sich heftig, ihren einzigen Besitz an sich genommen zu haben. Sie trägt ihr den Reifen gern wieder zurück.

Bummi steht vor einem Häuserblock. Sie durchschreitet einen Torbogen und gelangt in einen häßlichen, düsteren Hinterhof, der von hohen Häusern eingeengt wird. Mülltonnen stehen neben den Eingangstüren, Wäscheleinen sind über den Platz gespannt. Ein paar Buben vergnügen sich mit einer Tonne. Sie haben ein kleines Kind hineingesteckt und ziehen es mit der Tonne über den Hof. Es schreit und zappelt, und die Jungen quietschen vor Vergnügen, je lauter das Kind schreit. Bummi holt aus und gibt dem ihr am

nächsten Stehenden eine schallende Ohrfeige, und dem anderen Buben ergeht es nicht besser. „Jekusch", sagt der erste verblüfft, „die ist wohl verrückt geworden." Bummi hebt das zappelnde Kind aus der Tonne. Zum Dank streckt es ihr die Zunge heraus.

Bummi weiß nicht, ob sie lachen oder sich ärgern soll. Sie geht ins Haus und findet an einer Tür im dritten Stockwerk den Namen „Fink" auf einem Pappschild. Sie klopft und tritt ein, denn die Tür ist nicht verschlossen. Sie steht in einer Küche. Da ist auch Regine. Sie scheuert den Kochherd. Verlegen streift sie mit der schmutzigen Hand ein paar Haarsträhnen zurück. „Jetzt siehst du aus wie ein Schornsteinfeger", lacht Bummi, um zu verbergen, wie erschrocken sie ist, weil die Wohnung so ärmlich ist wie Regines Kleidung.

„Ich kann dir die Hand nicht geben", sagt Regine zur Begrüßung, „sie ist schmutzig. Setz dich bitte schon, ich will mir die Hände waschen."

„Mach deine Arbeit nur fertig, ich habe Zeit", antwortet Bummi. Sie setzt sich nicht, sie bleibt neben Regine stehen und sieht zu, wie sie die Herdplatte blank reibt. Die Platte glänzt wie Silber. „So viel Kraft hätte ich dir gar nicht zugetraut!" sagt Bummi bewundernd. Sie weiß nicht, wie sie es anfangen soll, ihren Besuch zu erklären. Regine legt das Poliertuch in den Kohlenkasten. Dann steht sie mit hängenden Armen vor Bummi. „Warum bist du gekommen?" fragt sie geradezu und richtet ihre großen, traurigen Augen auf die Freundin.

„Ich bringe dir den Armreifen zurück. Tante Liesel hat es befohlen, weil er so kostbar ist und deine Mutter sicher nichts davon weiß."

„Aber er gehört mir, mir ganz allein", sagt Regine kläglich, „wenn du willst, kannst du ihn behalten." Bummi schüttelt den Kopf. Sie streift den Reifen vom Arm und legt ihn auf den Küchentisch mit der schäbigen Wachstuchdecke.

„Ich will mir nur eben die Hände waschen", entschuldigt sich Regine und wendet sich hastig ab, um ihre Tränen zu verbergen. Das Waschbecken ist draußen auf dem Flur und dient allen Bewohnern der dritten Etage. Als Regine wieder hereinkommt, sind ihre Augen ein wenig gerötet. Bummi legt ihr einen Augenblick lang den Arm um die Schulter. „Du brauchst keine Angst zu haben, Regine", sagt sie, „wir bleiben trotzdem Freundinnen. Das hängt doch nicht davon ab, daß du mir etwas schenkst. Ich mag dich." Da leuchten Regines Augen. Sie nimmt den Reifen vom Tisch und geht ins Schlafzimmer, um ihn in das Wäschefach zurückzulegen. Sie atmet erleichtert auf, als sie an die Mutter denkt. Nun hat sie kein Geheimnis mehr vor ihr.

Bummi will sich verabschieden. Regine bittet jedoch so inständig, sie solle bleiben, daß sie nicht widerstehen kann. Sie lernen gemeinsam die englische Hausaufgabe, und nicht nur Bummi, auch Regine hat fröhliche Augen. Sie ist so glücklich, weil sie zum ersten Male in ihrem kleinen Leben eine Freundin hat.

Da kommt ein Getrappel die Treppe herauf, die Tür öffnet sich, und über die Schwelle stolpern drei Buben, zwei größere und ein kleiner. Bummi durchfährt ein großer Schreck. Das sind die beiden Großen, die sie im Hof geohrfeigt hat, und der Kleine hat ihr die Zunge gezeigt. Es sind ausgerechnet Regines Brüder. Die Buben sind genauso verlegen wie Bummi.

Regine sieht von einem zum anderen. „Was ist los?" fragt sie. „Och, nichts Besonderes", sagt Bummi, „wir haben nur schon im Hof Bekanntschaft geschlossen." Die Buben nicken und grinsen verlegen. Der vierjährige Werner trompetet vorlaut: „Die teilt Backpfeifen aus."

„Haben sich die Burschen nicht ordentlich benommen, als du kamst?" fragt Regine ängstlich.

„Nicht sehr ordentlich", gibt Bummi zu, „aber deshalb wollen wir doch gute Freunde sein. Ich schreibe meinem Bruder Hans, daß er ihnen ein Segelflugmodell schicken soll."

„Wirklich?" fragt Stefan ungläubig. „Aber ob er es tut? Er kennt uns doch gar nicht."

„Das laßt nur meine Sorge sein; er schickt es euch bestimmt", verspricht Bummi. Ihr Plätzchen im Herzen der Buben ist gesichert. Als ihr Blick auf die Uhr fällt, erschrickt sie. Es ist schon Spätnachmittag. Wo ist nur die Zeit geblieben? Tante Liesel wird schimpfen, weil sie Wilma vergessen hat. Sie verabschiedet sich hastig von Regine und deren Brüdern. Regine geht noch ein Stück mit, um die zweijährige Hilde aus der Kinderkrippe heimzuholen. „Bitte, erzähle niemand, wie armselig wir wohnen!" bittet Regine sie. „Ich erzähle dir bald einmal, warum wir so leben müssen. Vor zwei Jahren, als Vater noch da war, war alles anders und schöner." Bummi steigt in einen wartenden Bus. „Mach dir nur keine Sorgen, Regine; wir halten zusammen", sagt sie noch und winkt der Freundin zu.

Tante Liesel macht wirklich ein böses Gesicht. „Wie kannst du nur so lange ausbleiben?" schilt sie. Bummi schweigt. Wie soll sie erklären, daß sie Regine nicht sofort verlassen konnte? Daß es Regine wohltat, einmal einen Menschen bei sich zu haben, der sie liebhat? „Verstockt bist du auch", fügt Tante Liesel noch hinzu. „Geh nur zu Wilma hinein; sie hat schon geweint, weil sie so allein ist."

Bummi macht ein schuldbewußtes Gesicht, als sie ins Zimmer geht. „Wilma", bittet sie, „sei mir nicht böse. Regine ..." Rechtzeitig fällt ihr ein, daß sie der Freundin versprochen hat, nicht zu erzählen, wie sie lebt. „... Regine hat mit mir die englische Arbeit durchgesprochen. Du weißt ja, daß ich nicht gut stehe, weil die Klasse hier in Frankfurt schon weiter ist als wir daheim in Brilon."

„Die Zeit ist mir so lang geworden", schmollt Wilma.

Da muß Bummi an Regine denken, die auch so schmal und zart wie das Kusinchen ist und schon die Geschwister betreut und der Mutter viel Arbeit abnimmt. Wilma dagegen wird von den Eltern umsorgt und hat sicherlich noch nie darüber nachgedacht, daß es nicht alle Kinder so gut haben wie sie. Bummi nimmt sich fest vor, ihr später, wenn die Freundin sie von ihrem Versprechen entbindet, von Regines Armut zu erzählen.

„Sieh mal, was in der Schale auf dem Tisch liegt!" sagt Wilma in ihre Gedanken hinein.

„Oh, ein Brief! Ein Brief von zu Hause!" jubelt Bummi. Es kommt ihr zum Bewußtsein, wie wenig sie in den letzten Tagen an die Ihren gedacht hat.

Die Eltern und Geschwister und sogar Wölfi haben alle ein paar Zeilen geschrieben, und es ist ein langer Brief geworden. Heide und Hans berichten von den Tieren, von den Freunden Fiete und Christoph und von der Schule. Hans erzählt von einem

Rotschwänzchen-Nest, in das ein Kuckuck ein Ei gelegt hat. Die Vogeleltern haben den Betrug nicht gemerkt und das Kuckuckskind ausgebrütet. Und dieser Frechling hat die jungen Rotschwänzchen aus dem Nest geworfen, weil er viel stärker ist, und hat sich getrost weiter füttern lassen.

Mutti berichtet von Wolfgang, der sich nach Bummis Abreise sehr verlassen vorkommt. „Neulich", schreibt die Mutter wörtlich, „hat er an allen Haustüren in der Nachbarschaft geklingelt und gefragt, ob sie kein kleines Mädchen im Hause hätten, das mit ihm spielen könne. Nachher waren es zehn kleine Mädchen, die mit ihm spielten."

„Was ist?" fragt Wilma, als Bummi herzlich lacht, und sie hört von Wölfis Auszug in die Nachbarschaft.

„Warum fragt er nach kleinen Mädchen, nicht nach Jungen?" forscht Wilma weiter.

„Ja, weißt du, Wölfi ist wohl ein Maulheld, aber innerlich fürchtet er sich vor den Fäusten der Jungen, die sich so gern balgen. Da sind ihm die Mädchen als Spielgefährtinnen lieber."

„Spielst du jetzt mit mir Mühle?" fragt Wilma.

„Ach bitte, laß mich nach Hause schreiben; ich habe so viel zu erzählen. Ich denke mir auch eine ganz lange Geschichte aus, die erzähle ich dir heute abend, wenn wir im Bett liegen."

Bummi hat nicht nur Sehnsucht nach den Eltern und Geschwistern; auch nach ihren Tieren, vor allem nach Pimpchen, von der Hans so viele drollige Streiche berichtet hat. Und doch möchte sie noch in Frankfurt bleiben, gesteht sie sich ehrlich, Regines wegen. Die Freundin tut ihr so leid, und sie will ihr helfen, fröhlich zu werden, so gut sie nur kann. Bummi hat immer ein mitleidiges Herz gehabt. Dann ist auch noch Gabi da! Der Besuch auf Gut Rittenbruch mußte verschoben werden, weil Wilma sich erkältet hatte. Sonntag soll er endlich wahrgemacht werden. Bummi freut sich über die Maßen auf das Wochenende bei Gabi. Jetzt kommt ihr ein Gedanke: Gabi muß Regine einladen. Ja, Regine wird es guttun, einmal von Hause fortzukommen. Gleich morgen wird sie es ihr sagen.

Bummi schreibt einen langen Brief, denn sie hat bei ihrer Ankunft nur eine Ansichtskarte nach Hause geschickt, um zu berichten, wie die Autofahrt verlaufen war. Sie erzählt von Mohrle und ihren Freunden beim Zirkus, von Gabi, von Regine und ihren Brüdern, und sie vergißt nicht, Hans anzuflehen, den armen Buben Stefan und Michael ein Segelflugmodell zu überlassen. Dann erst legt sie den Füller befriedigt aus der Hand.

Auf Gut Rittenbruch

Bummi schickt Gabi während der Stunde ein Zettelchen. Darauf steht: „Kannst du nicht auch Regine einladen, oder ist das unverschämt von mir?"

Gabis Antwort lautet: „Erst Wilma, jetzt noch Regine, warum nicht gleich die ganze Klasse?"

Bummi gibt sich nicht geschlagen. Sie hat Regine versprochen, nicht zu erzählen, wie ärmlich sie zu Hause leben. Nun muß sie das Schweigen brechen. In der großen Pause zieht sie Gabi beiseite und unterrichtet sie hastig von ihrem Besuch. „Nimm Regine an meiner Stelle! Ich habe ein so schönes Zuhause und so viele Freude mit den Tieren. Regine kennt nur Arbeit und muß schon die Sorgen ihrer Mutter mittragen!" bittet Bummi.

„Du kommst ohne Frage, und ich will gern meine Eltern bitten, daß sie auch Regine einladen." Schon am nächsten Tag darf sie Regine die Einladung überbringen, das Wochenende auf Gut Rittenbruch zu verleben. Die schaut Gabi mit ihren großen Augen traurig an und schüttelt den Kopf. „Es geht nicht; ich kann Mutter doch mit den kleinen Geschwistern nicht alleinlassen. Sie hat Fußschmerzen vom Stehen im Kaufhaus; Samstag und Sonntag muß sie ruhen." Bummi beobachtet, wie Regine schluckt. Da faßt Bummi einen Plan.

Sie wird mit Gabi ins Kaufhaus gehen und Frau Fink selbst fragen. Einmal muß es sich doch einrichten lassen, daß Regine ein Wochenende mit Freundinnen verbringt!

Gabi ist begeistert von dem Plan. Sie hat heute Zeit, weil der Fahrer des Lieferwagens vom Gutshof bis drei Uhr auf dem Wochenmarkt zu tun hat. Bummi nimmt sie mit zum Essen, und Tante Liesel erlaubt, daß die beiden Mädel im Kaufhaus Besorgungen machen. Dann fällt Wilma die Mittagsruhe nicht so schwer. Sie fühlt sich von Tag zu Tag kräftiger, und es wird ihr auch täglich schwerer, ihre Ruhestunden einzuhalten. Sie freut sich schon darauf, daß sie nach den Sommerferien wieder in die Schule darf. Sie ist sehr klug und dank der Privatstunden in allen wichtigen Fächern fast so weit wie ihre Klasse. Gern wäre sie in den Ferien mit Bummi nach Olsberg gefahren, jedoch ist die Luft im Hochsauerland für sie zu rauh, und sie wird mit den Eltern einen Ort besuchen, den der Arzt empfohlen hat.

Gabi und Bummi wandern vergnügt durch die Straßen. Es macht ihnen diebischen Spaß, zusammen einkaufen zu gehen. Im Kaufhaus ist es ziemlich leer. Sie erstehen eine Gießkanne aus Plastik für Tante Liesel und gehen dann zur Kasse. Das Fräulein nimmt das Geld entgegen. Bummi wendet sich ab. Sie ist schon ein paar Schritte gegangen, als sie merkt, daß Gabi nicht neben ihr hergeht. Da kommt sie schon.

„Du, Bummi", sagt sie, „die Kassiererin hat das Geld nicht in die Kasse gelegt, hast du das beobachtet?" Bummi schüttelt den Kopf; sie hat nicht achtgegeben. Sie mißt dem auch keine Bedeutung bei. Gabi läßt nicht locker. „Sie hat sich gebückt und den Fünfmarkschein in ihren Schuh gesteckt."

„Hast du eine blühende Phantasie!" sagt Bummi. „Du möchtest wohl gern etwas erleben." Gabi ist einen Augenblick wütend, weil Bummi ihr nicht glaubt. Nun ja, sie hat nicht gesehen, was die Kassiererin machte, während sie sich bückte. Den Fünfmarkschein hat sie aber nicht in die Kasse gelegt, das kann sie bezeugen.

Bummi ist an eine ihnen entgegenkommende Verkäuferin herangetreten. „Entschuldigen Sie", sagt sie, „ist Frau Fink nicht da? Sie hat doch diese Abteilung unter sich?"

„Frau Fink?" Die Verkäuferin sieht sich suchend um. Da kommt die Kassiererin mit schnellen Schritten. „Was wollen denn die Kinder noch?" fragt sie.

„Zu Frau Fink", erklärt die Kollegin.

„Was habt ihr bei der zu suchen?" fragt die Kassiererin in so scharfem Ton, daß die Kollegin sie erstaunt ansieht.

„Wir wollen zu Regines Mutter, um sie zu fragen, ob ihre Tochter zum Wochenende mit uns kommen darf", antwortet Gabi.

„Ach so!" Die Kassiererin lacht nervös. Gabi sieht, daß sie unter der Schminke ganz blaß geworden ist. Oder bildet sie sich das auch ein?

Sie hat keine Zeit, darüber nachzudenken. Die Verkäuferin führt die Kinder in einen kleinen Raum. „Frau Fink, hier ist Besuch für Sie!"

„Guten Tag, Frau Fink", sagt Gabi. „Wir sind Regines Freundinnen und haben eine große Bitte."

„Ihr seid Gabi und Bummi, stimmt's?" fragt die kleine zarte Frau, die in einem Sessel sitzt und die Schuhe ausgezogen hat. „Entschuldigt, ich ruhe meine Füße etwas aus, ehe der Kundenstrom wieder einsetzt; ich habe Fußschmerzen." Bummi betrachtet Frau Fink neugierig. Sie mag sie gleich. Sie sieht aus, als sei sie Regines ältere Schwester. Wie sie sich plagen muß, um ihre Kinder zu ernähren!

„Bitte, Frau Fink, geben Sie die Erlaubnis, daß Regine Samstag nach der Schule mit zu uns aufs Gut fährt und über Sonntag bleibt. Bummi kommt auch mit. Wir werden viel Spaß haben." Frau Fink überlegt einen Augenblick. Sie weiß, was es für Regine bedeuten würde, zwei Tage mit gleichaltrigen Mädchen umhertollen zu können. Da müssen Michael und Stefan zufassen. Sie können einmal Werner betreuen. Sie wird sie in den Zoo bringen und sich mit Klein-Hilde irgendwo auf eine Bank setzen. Die Sonne und das Ausruhen im Freien werden ihr selbst auch guttun. Die beiden Mädchen verfolgen ängstlich ihr Mienenspiel.

„Ja, es geht, ich kann es gut einrichten. Regine wird sich freuen", sagt Frau Fink. „Sie hat eine Belohnung verdient; sie hilft mir schon so gut, daß ich meine Stelle hier halten kann."

„Vielen Dank, Frau Fink! Wenn Regine nicht mitdürfte, wären wir richtig traurig", antwortet Bummi.

„Ich bin froh, daß Regine euch hat", sagt Frau Fink und reicht ihnen zum Abschied die Hand. Sie ist in ihre Schuhe geschlüpft. „Ich muß jetzt zurück an meine Arbeit; ich darf mich hier nicht länger als ein paar Minuten aufhalten." Gabi und Bummi gehen zur Rolltreppe und fahren hinunter. Es ist inzwischen Zeit geworden, sich um den Lieferwagen zu kümmern, sonst fährt er ohne Gabi ab.

Wo sie die Bundesstraße verlassen, steigt der Fahrweg zum Gut Rittenbruch an. Mit seinen weißen Gebäuden liegt es am Berghang mitten in

einem Laubwald. Andreas hat die drei jungen Damen, wie er Bummi, Regine und Gabi nennt, mit dem Lieferwagen mitgenommen. Nun hält er vor dem großen Portal. Regine und Bummi fassen sich unwillkürlich bei der Hand. Das Gutshaus sieht aus wie ein Schloß mit seinen vielen Fenstern, in denen sich die Sonne spiegelt. Sie gelangen in eine große, kühle Halle mit geweißten Wänden, von denen aber nicht viel zu sehen ist. Von oben bis unten sind sie mit Gemälden behängt, mit riesengroßen und mit kleinen.

„Ihr macht den Eindruck, als wenn ich euch in ein Museum geführt hätte", erklärt Gabi. „Brr, das ist nichts für mich. Kommt mit in die Küche; unsere Köchin holt gerade den Streuselkuchen aus dem Ofen. Wenn wir recht schön bitten, so schneidet sie uns ein Stück herunter."

Die Küche mit dem langen weißen Herd und dem großen blankgescheuerten Eichentisch ist anheimelnd. Sehr warm ist es darin. Wie Gabi vermutete, hat die Köchin gerade das Kuchenblech herausgezogen und ein Tuch darübergedeckt. „In einer Stunde dürft ihr wiederkommen", sagt sie. „Ich werde mich hüten, euch glühendheißen Kuchen zu geben. Dann liegt ihr binnen einer Stunde mit Bauchgrimmen im Bett und habt nichts von den schönen Tagen."

Das leuchtet selbst Gabi ein. „Wo ist Mutti?" fragt sie die Köchin.

„Deine Eltern sind in Frankfurt; sie kommen erst am Abend zurück."

„Zeig uns die Ställe!" bittet Bummi, als sie in den Hof hinaustreten. Dort tummeln sich Hühner und Tauben, Enten und Gänse.

„In den Ställen ist um diese Zeit nichts los. Das Vieh ist auf der Weide", sagt Gabi. Sie gehen in eines der Nebengebäude. Wirklich sind die Boxen leer bis auf ein paar. Hier stehen Kühe, die erst seit ein paar Tagen ein Kälbchen haben. Obwohl Regine sich ein wenig fürchtet, ist sie entzückt von den Tieren. Für sie ist alles so neu, während Bummi täglich auf Tante Johannas Bauernhof ein und aus geht. Jetzt fühlt Bummi ein leises Heimweh aufkeimen.

Im Pferdestall sitzt der Knecht Andreas und putzt und wienert das Zaumzeug. Am Morgen ist ein niedliches Pony geboren worden. Er zeigt das kleine Wunder den drei Mädchen, die ganz atemlos stehen und schauen. „Später gehen wir zur Koppel, dort ist auch Axel", sagt Gabi. Sie sieht auf ihre Armbanduhr und stellt fest, daß es Zeit zum Kaffeetrinken ist.

Sie sitzen in der Bauernstube. Es ist sehr warm. Die Fenster stehen weit offen. Plötzlich verspürt Bummi im Nacken ein Schnauben. Als sie sich umwendet, steckt ein Pferd den Kopf durch das Fenster. „Axel", ruft Gabi, „willst du wohl höflich sein, ich habe Damenbesuch!" Axel hat keine Lust, höflich zu sein. Er holt mit seinem weichen Maul Zuckerstücke vom Tisch. Bummi war bei seinem Anblick erschrocken zur Seite gewichen. Regine wagt sich nicht zu rühren. Der Umgang mit Tieren ist ihr fremd, und ein großes Tier flößt ihr Angst ein.

„Du mußt öfter kommen", sagt Gabi, „du wirst alle Tiere schnell liebgewinnen." Regine bekommt ganz traurige Augen. Sie weiß, daß sie wohl nie mehr hierher darf, der Mutter und der Geschwister wegen. Wie gern nähme sie sonst die Einladung an. Hier draußen ist es unbeschreiblich schön.

„Du machst ja so traurige Augen, Regine", sagt Bummi. „Ich glaube, wir können wieder nach draußen gehen. Ich platze fast, so viel habe ich gegessen! Ich brauche Bewegung!"

Da lacht Regine schon wieder. Gabi holt aus der Küche Nüsse und führt die Kinder in den großen Baumgarten. „Susi!" lockt sie. Blitzschnell kommt ein Eichhörnchen angesaust und holt sich von Gabis Hand eine Nuß. Ebenso schnell ist es wieder verschwunden. Regine ist verblüfft. Bummi und Gabi müssen lachen, als sie ihr ungläubiges Gesicht sehen. „Willst du auch mal?" fragt Gabi. Regine schüttelt den Kopf: „Ich will lieber zusehen." Bummi nimmt sich eine Nuß und streckt die Hand aus. Susi zeigt keine Scheu, auch diese Nuß wird blitzschnell geholt.

Ehe die Kinder zu der Pferdekoppel gelangen, führt sie der Weg an Feldern und Wiesen vorbei. Die Kühe kommen an den Zaun, als sie Gabi sehen. Doch hier verweilen die drei nicht. Bummi zieht es mächtig zu den Pferden hin; sie möchte gern reiten.

„Hast du denn keine Angst?" fragt Regine. Nein, Angst kennt Bummi nicht.

In wenigen Minuten ist die Koppel erreicht. Gabi lockt die zahme Greta heran, und Bummi sitzt nach ein paar vergeblichen Versuchen auf dem Pferderücken und hält sich an der Mähne fest. Auch Gabi klettert auf ein Pferd, und nun reiten sie über die Wiese. Regine ist auf dem Weg stehengeblieben. Um keinen Preis wäre sie auf die Weide gegangen. Sie kann die Furcht nicht überwinden. Sie winkt den beiden Reiterinnen zu.

„Alle Achtung, Bummi!" ruft Gabi. „Ich glaube, Greta mag dich leiden, sonst hätte sie dich längst abgeworfen." Bummi fühlt sich glücklich. Als Gabi meint, sie könnten Regine nicht länger zusehen lassen, denkt Bummi einen Augenblick lang, es wäre schöner, wenn Regine nicht da wäre. Aber sofort schämt sie sich dieses Gedankens. Sie bringt Greta zum Stehen und rutscht von deren Rücken. Dann gibt sie ihr einen Klaps, und Greta saust davon. Voller Bewunderung sieht Regine den beiden Freundinnen entgegen. „Das könnte ich nie, ich würde einen Versuch überhaupt nicht wagen", sagt sie.

„Dafür bist du in der Schule viel tüchtiger!"

Als die Sonne untergeht, führt Gabi die Freundinnen ins Haus. Verschwitzt und zerzaust nehmen sie ein Duschbad. Als sie ein wenig später an dem gedeckten Abendbrottisch sitzen, mit roten Wangen und leuchtenden Augen und blank gewaschen, sehen sie sehr artig aus. Gabis Eltern sind schon zurück, und sie begrüßen ihre kleinen Gäste herzlich.

Gabi hat so lange gebettelt, bis man ein zweites Bett neben das ihre geschoben hat. Die drei Mädchen möchten gern diese eine Nacht zusammen schlafen. Nun liegen sie in ihren Betten und haben das Licht gelöscht. Sie haben die Vorhänge nicht zugezogen. Mond und Sterne schauen herein, und eine Weile sind die Kinder ganz still. Dann beginnen sie zu flüstern, und bald hört man unterdrücktes Lachen. —

Gabi und Bummi schlafen fest. Regine lauscht. Sie hört die Freundinnen gleichmäßig atmen. Sie fährt sich mit der Hand über das Gesicht. Es ist naß von Tränen. Den ganzen Tag über ist sie glücklich gewesen mit Bummi und Gabi. Aber jetzt muß sie an Vater denken, der das Beste für seine Familie gewollt hat und so elend sterben mußte. Wenn Mutti von ihm erzählt, leuchten ihre Augen, weil er so klug und tüchtig und lieb war. Jetzt weilen Regines Gedanken bei der Mutter, die tapfer auf ihrem Posten im Kaufhaus durchhält, obwohl sie sehr unter Fußschmerzen leidet. Und wieviel Kummer sie dort hat! Seit einiger Zeit stimmen Warenausgang und Kasseneinnahme nicht überein. Ein Dieb muß am Werk sein. Regine seufzt schwer. Wenn sie doch helfen könnte!

„Bist du noch wach, Regine?" flüstert Bummi. Regine erschrickt. Bummis Hand tastet über ihr

Gesicht hin. „Du weinst ja!" Von dem Geflüster ist Gabi wach geworden. Sie richtet sich auf, ohne Licht zu machen. „Bitte, erzähl uns doch, was dich so traurig macht!"

Es dauert eine Weile, ehe Regine sprechen kann. Sie schluckt schwer an ihren Tränen. Dann erzählt sie von Vater und Mutter und dem großen Kummer. Auch von Mutters Sorge wegen der Unregelmäßigkeiten im Geschäft spricht sie. Gabi und Bummi wissen nicht, was sie Regine Liebes sagen sollen. Gabi ahnt zum ersten Male, wie schwer das Leben auch schon für ein zwölfjähriges Mädchen sein kann. Sie fühlt sich hilflos und schickt ein kurzes Gebet zum lieben Gott, daß er Regine trösten möge.

„Es ist sehr dumm von mir, zu weinen und euch das Herz zu beschweren", sagt die neue Freundin.

„Gar nicht", versichern Gabi und Bummi gleichzeitig. „Freundinnen müssen auch allen Kummer zusammen tragen, sonst ist es gar keine richtige Freundschaft." Da fühlt sich Regine wunderbar getröstet. Sie hat nie gleichaltrige Gefährtinnen gehabt, und nun hat sie gleich zwei, die sie wirklich gern haben, das spürt sie.

Die Sonne scheint schon ins Zimmer, als Regine sich erschrocken aufrichtet. Etwas ist mit einem Plumps auf die Fensterbank gesprungen; davon ist sie erwacht. Ein Satz, jetzt ist es auf ihrem Deckbett. Sie hält ganz still. Es ist Susi, das Eichhörnchen. Es guckt Regine an und putzt sein Schnäuzchen. Dann springt es zurück auf die

Fensterbank und von dort in den alten Baum vor dem Fenster. Ehe Bummi und Gabi erwachen, verschwindet der buschige Schwanz schon wieder.

Die Köchin hat den Frühstückstisch im Garten unter einer alten Linde gedeckt. Selbst Regine, die sonst sehr wenig ißt, scheint von der frischen Luft mächtigen Hunger zu haben. Das Federvieh findet sich ein und natürlich Susi, für die ein paar Nüsse auf dem Tisch liegen. Sie fegt mit ihrem buschigen Schwanz durch die Butter und wirft das

Milchkännchen um. „Wenn ich das machte", sagt Gabi entrüstet, „gäbe es Schelte. Unsere Susi darf alles. Vater hat sie im Wald gefunden, als sie noch ein Baby war, und sie ist sein Liebling geblieben. Es wundert mich, daß Axel noch nicht da war. Er holt sich sonst seine Zuckerstücke, sobald er erspäht, daß die Familie am Frühstückstisch sitzt."

Da kommt das Pferd auch schon durch die offene Pforte. Regine erschrickt. Hat Susi sie schon ängstlich gemacht, so erst recht das große Tier. Gabi sieht es und springt auf. Sie greift ein paar Zuckerstücke und schickt Axel wieder weg, der das sehr ungnädig vermerkt und böse wiehert.

„Du wirst auch noch gut Freund mit ihm, Regine", tröstet Gabi, die sieht wie unglücklich die neue Gefährtin ist. „Es ist Zeit, daß wir uns für die Kirche fertig machen; Andreas spannt schon die Pferde vor die Kutsche." Da springen Bummi und Regine mit einem Freudenruf hoch. In einer Kutsche werden sie fahren! Bald sitzen sie mit Gabis Eltern im Wagen. Gabis Vater hält die Zügel, und nun geht es los, immer am Waldrand entlang. An der anderen Seite des Weges dehnen sich weite Wiesen und Felder. Regine sieht mit großen Augen in die schöne Welt.

Am Nachmittag bringt Onkel Hans Wilma heraus. Gabi und Bummi nehmen sie in die Mitte. Regine ist in der Küche und hilft der Köchin, den Kaffeetisch zu decken. Sie muß einfach etwas tun, so dankbar ist sie, daß sie hier sein darf. Während sich Onkel Hans in ein Gespräch mit dem Gutsherrn vertieft, muß Wilma all die erregenden Tiere kennenlernen. Die neugierige Susi ist auch die erste, die sich zeigt. Mit einem großartigen Sprung läßt sie sich aus dem Baum vor Wilmas Füße fallen. Wilma schrickt zusammen, doch lacht sie sofort wieder. Sie hat damals in den Ferien in Olsberg ihre Furcht vor den Tieren verloren. Sie hält sogar Axel ein Zuckerstück hin und zuckt nur ein wenig zusammen, als sie das weiche Maul auf der Handfläche verspürt.

Gabis Vater läßt die Kutsche anspannen und lädt seine Gäste zu einer Besichtigung seiner Felder und Wälder ein. Da gibt es für Onkel Hans viel zu sehen. Er bewundert das prachtvolle Zuchtvieh. Von den Pferden ist er restlos begeistert. Die kleinen Mädchen drängen heimwärts. Im alten Baumgarten und im Haus läßt sich gut Verstecken spielen.

Onkel Hans hat Regine schon ein paarmal forschend angesehen. Sie erinnert ihn an jemand! Schließlich fragt er sie: „Wie heißt du mit Nachnamen, Regine?"

„Fink, Regine Fink", sagt diese verwundert.

„Ist dein Vater etwa Reinhard Fink aus Stuttgart, der dort mit mir an der Technischen Hochschule studiert hat?"

„Er war Ingenieur und hat in Stuttgart studiert."

„Er w a r — lebt er nicht mehr?"

Regine schüttelt den Kopf.

Onkel Hans dringt nicht weiter in sie, als er ihre großen Augen traurig auf sich gerichtet sieht. Er wird Regine am Abend bei ihrer Mutter abliefern und sehen, ob der Vater wirklich sein Studienfreund war.

Es kommt Bummi und Regine vor, als seien sie sehr lange auf Gut Rittenbruch daheim gewesen, nicht nur zwei kurze Tage, so viel haben sie an Neuem und Schönem erlebt. Selbst Wilma hat rosige Bäckchen und plaudert fröhlich. Onkel Hans freut sich, weil er fühlt, daß sein Töchterchen nun wirklich ganz gesund wird. Mit herzlichen Dankesworten verabschieden sich alle von Gabi und ihren Eltern. Sie müssen versprechen, schon recht bald wiederzukommen.

Ehe Onkel Hans Regine nach Haus bringt, liefert er Wilma und Bummi bei Tante Liesel ab. Regine hockt klein und verloren auf ihrem Sitz, als die Freundinnen sich von ihr verabschiedet haben. Onkel Hans erzählt ihr fröhliche Streiche aus der Zeit, als er mit ihrem Vater zusammen studierte. Er kennt auch aus jener Zeit ihre Mutter. Sie war ein fröhliches junges Mädchen und ist oft mit ihnen gewandert.

Ja, Regines Vater war Onkel Hans' Freund Reinhard. Als Regines Mutter öffnet, weiß er es mit Bestimmtheit. Frau Fink sieht ihn forschend an. „Nein! Du, Hans?" fragt sie ungläubig. Sie bittet ihn, zu einer Tasse Tee hereinzukommen, und bald sind sie in ein Gespräch vertieft. Regine hat sich leise ins Schlafzimmer zurückgezogen.

Sie küßt die kleine Hilde, die im Traum lacht, und deckt den vierjährigen Werner zu, der sich bloßgestrampelt hat. Dann erst legt sie sich ins Bett.

Als die Mutter zu später Stunde hereinkommt, fragt sie leise: „Regine, bist du noch wach?"

„Ja, Mutter", kommt Regines Stimme.

„Onkel Hans, so darfst du sagen, besorgt mir eine Stelle bei der Stadtverwaltung. In der Sozialabteilung fehlt eine Kraft. Ich bin so glücklich, weil ich dann nicht mehr zu stehen brauche. Dann bin ich auch viel früher zu Hause und habe mittwochs nachmittags und samstags keinen Dienst."

Regine stößt einen Jubellaut aus. Sie schmiegt sich in Mutters Arm und ist sehr glücklich über ihre Mitteilung.

Am nächsten Morgen erwarten Gabi und Bummi ihre Freundin Regine am Schultor. Onkel Hans hat erzählt, daß er in Frau Fink die Frau seines alten Studienfreundes wiedergefunden hat und daß er ihr zu einer besser bezahlten und nicht so anstrengenden Tätigkeit verhelfen kann. Während sie auf Regine warten, unterrichtet Bummi Gabi hiervon. Sie müssen lange warten. Regine versorgt die Geschwister stets gemeinsam mit der Mutter, ehe beide aus dem Hause gehen. Sie kommt meist erst beim ersten Klingelzeichen.

„Du, Bummi", sagt Gabi, „mir ist heute nacht etwas eingefallen. Die Kassiererin im Kaufhaus in Frau Finks Abteilung hat neulich den Fünfmarkschein, mit dem du zahltest, nicht in die

Kasse gelegt; ich machte dich gleich darauf aufmerksam."

„Was willst du damit sagen, Gabi?" fragt Bummi erschrocken. „Man darf nicht leichtfertig jemand verdächtigen!"

„Ich weiß, was ich weiß!" sagt Gabi ein wenig beleidigt. Darum erzählt sie Bummi auch nicht, was sie vorhat. Nach der Schule geht sie zu Andreas auf den Markt. „Bitte, Andreas, warte auf mich, auch wenn es später wird", bittet sie. „Ich muß noch einen wichtigen Gang machen." Andreas nickt nur. Er wird sich beim Sternenwirt unter die alte Kastanie setzen und ein Glas Bier trinken.

Gabi nimmt den Weg zum Kaufhaus. Sie fragt nach dem Geschäftsführer. Sie hat sich bei Mutti erkundigt, wo man seine Beschwerden vorbringen muß. Und wirklich — sie wird empfangen. „Was führt Sie zu mir, kleines Fräulein?" fragt der Herr mit dem Zwicker auf der Nase.

Da erzählt Gabi von ihrer Beobachtung. Sie will doch Frau Fink helfen, daß kein Verdacht auf ihr ruht, auch wenn sie schon bald ihre Stellung hier aufgibt, oder gerade deswegen. Der Geschäftsführer hört still zu. Dann nickt er. „Das haben wir uns gedacht. Es war schon jemand da, der beobachtet hat, wie die Kassiererin einen Zehnmarkschein in ihrem Schuh verschwinden ließ. Wir lassen sie seit geraumer Zeit unauffällig beobachten. Du siehst, Frau Fink, für die du dich so tapfer einsetzt, ist über jeden Verdacht erhaben. Aber es ist gut, daß du gekommen bist, denn eine Mitteilung allein genügte nicht."

Gabi ist sehr stolz, weil der Geschäftsführer ihre Aussage für wichtig hält. Am nächsten Morgen erzählt sie Bummi davon, die nun ihrerseits beleidigt ist, weil Gabi sie nicht mitgenommen hat. Auch Regine wird unterrichtet. Sie hört mit blanken Augen zu. Die tiefen Schatten unter ihren Augen haben sich in der letzten Woche verloren.

Keine leichte Aufgabe

Für die Familie Fink ist nun vieles besser geworden. Die Mutter hat schon vierzehn Tage später ihre neue Stellung antreten können, weil der Geschäftsführer des Kaufhauses großes Verständnis für die geplagte Frau zeigte. An den Mittwoch- und Samstagnachmittagen darf Regine jedesmal für zwei Stunden mit Bummi oder Gabi zusammensein. Oft sind alle drei bei Wilma. Tante Liesel sorgt rührend für die kleinen Gäste. Sie ist so dankbar, weil ihr Töchterchen sich unter den Mädchen richtig wohlfühlt. Sie ist mit ihnen fröhlich und lacht und scherzt. Das wirkt sich auch auf ihren Appetit aus. Sie würgt nicht mehr an jedem Bissen, sondern greift herzhaft zu, und der Arzt ist bei dem letzten Besuch sehr zufrieden gewesen.

An den übrigen Wochentagen findet sich Bummi immer häufiger bei Regine ein. Sie hilft ihr bei der Hausarbeit und spielt mit den Buben. Sie haben ganz in der Nähe einen Spielplatz entdeckt. Es ist eigentlich ein Bauplatz, er ist mit einem Schild gekennzeichnet und von einer Bretterwand umgeben. Wie Bummi schnell herausbekommen hat, wird dort gar nicht gebaut. Es liegt nur ein mächtiger Sandhaufen dort. Sie lockt Michael und Stefan über die Bretterwand. Nach Herzenslust bauen sie Burgen und Gräben und sind glücklich miteinander. Das geht ein paar Tage gut. Selbst Regine, die Bummi sorgenvoll vor dem Bauherrn und Eigentümer warnte, vergißt ihre Angst. Sie nimmt Werner und Hilde mit. Bummi macht ihr die Tür in der Bretterwand auf, die sich nur von innen öffnen läßt.

Die Kinder befinden sich eines Nachmittags mitten im Spiel, als sie erschrocken innehalten. „Rrrrraussss! Rrrrraussss!" schnarrt eine heisere Stimme, ohne daß sie jemand sehen. Stefan und Michael sind im Nu die Bretterwand hinaufgeklettert, und Bummi öffnet hastig die Pforte, damit Regine, die vor Angst weint, mit den kleinen Geschwistern entschlüpfen kann. Sie selbst zögert noch. Wo ist die Stimme geblieben? Irgendwie kam sie ihr seltsam vor, nicht wie die eines Menschen. Es klang fast wie die Stimme der Wellensittiche daheim, nur lauter und schnarrender. In der Nähe des Sandhaufens steht ein Fliederbusch. Mutig geht Bummi darauf zu. „Rrrrrassssselbande!" schnarrt es ihr entgegen. Da lacht Bummi herzhaft. Das kann nur ein Papagei sein. Da leuchtet auch schon sein buntes Gefieder zwischen grünen Blättern. „Komm! Komm!" lockt Bummi und streckt die Hand aus.

„Schafskopp! Schafskopp!" ruft der Papagei und fliegt auf die Bretterwand.

„Komm, komm doch, Laura, oder wie du heißen magst, komm zu Herrchen!" lockt Bummi unverdrossen weiter. Und wirklich, der Papagei fliegt ihr auf die Schulter, daß sie gar nicht zu atmen wagt. Sie hebt die Hand und streichelt ihn. Anscheinend behagt ihm das, denn er bleibt zufrieden sitzen. Wem mag das Tier wohl gehören? überlegt Bummi. Plötzlich schrickt sie zusammen. Das Pförtchen springt auf, und ein alter Herr mit einem knorrigen Eichenstock steht darin. Als er sie sieht, droht er ihr. „Schafskopp! Schafskopp!" schnarrt der Papagei, ohne seinen Platz auf Bummis Schulter zu verlassen. Das Gesicht des alten Mannes hellt sich auf.

„Komm hierher, du Ausreißer!" ruft er. Da Bummi nicht weiß, daß er damit seinen Papagei meint, geht sie mutig auf ihn zu. „Wir haben doch nichts zerstört, sondern nur mit dem Sand gespielt", sagt sie trotzig. „Die Buben haben nur den stickigen Hinterhof, wo sie sich nicht richtig tummeln können. Und Sie gönnen uns nicht einmal ein Eckchen auf diesem großen Platz." Der Papagei ist während der Rede zu seinem Herrn geflogen und äugt von dessen Schulter zu Bummi hin.

„Wie bist du an den Vogel gekommen?" fragt der Alte, ohne ihre Rede zu beachten.

„Er saß im Fliederbusch und kam, als ich ihn lockte."

„Nach Fremden hackt er gewöhnlich. Und dir hat er sofort gehorcht?" will der Mann wissen.

Bummi nickt. „Ich habe viele Tiere zu Hause, auch eine dressierte Maus. Sie heißt Pimpchen und kann viele Kunststücke." Bummi hat ganz vergessen, daß sie widerrechtlich auf des alten Herrn Baugrundstück steht und die anderen vor Angst weggelaufen sind. Sie erzählt von daheim, und der Alte hört zu. Erst als Stefans und Michaels Köpfe über die Bretterwand lugen, fällt ihr das wieder ein. „Entschuldigen Sie bitte, daß wir ohne Erlaubnis hier gespielt haben", sagt

Bummi höflich, „es wäre aber sehr schön, wenn wir weiter kommen dürften." Da nickt der alte Herr zwar ein wenig grimmig, und er schwenkt auch seinen Stock drohend, als er fordert, daß sie keine anderen Kinder mitbringen sollen, doch Bummi fürchtet ihn nicht. Er gibt sich nur grimmig, so ist er gar nicht, denkt sie. Hätte er sich sonst für meine Tiere interessiert?

Er wendet sich um und stapft davon, ohne sich weiter um Bummi zu kümmern. Die Pforte läßt er offen, und Bummi geht hinaus, um den Buben und Regine die frohe Nachricht zu bringen, daß der Bauplatz ihr Spielplatz bleibt.

„Wie hast du das nur fertiggebracht?" staunen Michael und Stefan. „Der Alte ist sehr grantig. Kinder mag er nicht leiden."

„Wahrscheinlich ärgern sie ihn zuviel", sagt Bummi und stellt mit Staunen fest, daß die beiden erröten.

„Aha, ihr gehört also auch zu der Sorte, die hinter alten Leuten herrufen und ich weiß nicht was sonst noch tun."

„Wir tun's bestimmt nicht wieder, Bummi!" versprechen die beiden reuevoll.

„Das will ich euch auch nicht geraten haben. Ihr scheint ja bis jetzt ein paar nette Lausebengel gewesen zu sein."

„Engel waren wir bestimmt nicht", gesteht Stefan. „Wir werden uns aber bessern."

„Hoffentlich erlebe ich es noch vor meiner Heimreise", sagt Bummi.

„Mußt du denn wieder weg, wieder heim nach Olsberg?" fragen die Buben bestürzt, und Bummi nickt bekümmert. Wie schwer ist es ihr in den ersten Tagen geworden, von daheim fortzusein, und nun wird es ihr schwer, hier wieder weggehen zu müssen. Regine wird ihr fehlen, Gabi und natürlich auch Wilma. Sie geht hinter den Buben her, die zu Regine laufen.

„Regine! Regine!" rufen beide atemlos. „Weißt du schon, daß Bummi nicht mehr lange hier ist?" Die große Schwester macht ein erschrockenes Gesicht. Wirklich, es gibt bald große Ferien, und dann fährt Bummi heim. Selbst Bummi ist in diesem Augenblick sehr niedergeschlagen. „Ich nehme euch alle mit", sagt sie dann scherzend.

„Au ja, das wäre eine feine Sache!" meinen die Jungen. „Aber du machst ja nur Spaß."

„Man kann nicht wissen", sagt Bummi geheimnisvoll, denn ihr ist ein großartiger Gedanke gekommen. Wie schön wäre es, wenn sie alle noch ein paar Wochen zusammenbleiben könnten. Regine und den Buben würde die Luft des Hochsauerlandes gut bekommen. Die Buben müßten zu Tante Johanna, und Regine nähme die Mutter auf. Aber wohin mit den Kleinen? Bummi sagt nichts von ihrem Plan. Zuerst muß sie an Mutter und Tante Johanna schreiben und an Fiete natürlich, der von klein auf ihr Freund war und ihr immer geholfen hat.

Am Abend dieses Tages schreibt Bummi drei Briefe. Wilma ist schon schlafen gegangen. Es ist ganz still im Zimmer. Tante Liesel und Onkel Hans sind im Theater. Mohrle reibt sein Fell an Bummis nackten Beinen. „Bald fahren wir nach Haus, Mohrle", sagt Bummi zärtlich. Ach, sie freut sich so sehr aufs Heimkommen, obwohl sie tief im Herzen traurig ist, weil sie die Freundinnen verlassen muß ...

Tante Johanna sitzt im Lehnstuhl und öffnet den Brief, den ihr der Postbote eben gebracht hat. Er ist von Bummi. „Da bin ich mal gespannt, was sie von mir will", sagt sie. „Wenn Bummi schreibt, liegt etwas in der Luft."

„Meine Freundin Regine hat zwei Brüder", liest sie. „Sie sind erst neun Jahre alt, aber sie haben schon Muskeln und können gut in der Ernte helfen. Und schlafen brauchen sie gar nicht im Bett, sondern im Stroh. Und Du kannst ihnen jeden Abend die Taschen leer machen von wegen Dummheiten begehen und so. Sie sind richtige Lausebengel, das muß ich ehrlich schreiben. Aber bei Dir werden sie wie die Lämmer sein. Sie wohnen nämlich hier in einem stickigen und staubigen Hinterhof, weil ihr Vater gestorben ist und ihre Mutter arbeiten gehen muß. Liebste Tante Johanna, sag bitte ja, nimm die beiden Buben für die großen Ferien auf. Regine und ich helfen Dir auch in der Erntezeit im Haus und im Garten. Du glaubst nicht, wie geschickt meine Freundin ist. Wenn die Mutter weg ist, versorgt sie ihre vier kleinen Geschwister. Sie kann sogar kochen."

Tante Johanna sucht einen Bleistift, und als sie endlich einen Stummel gefunden hat, schreibt sie quer über den Brief „einverstanden", steckt ihn in einen leeren Briefumschlag und schreibt Bummis Frankfurter Adresse darauf.
Zur gleichen Zeit liest Frau Fröhlich Bummis Brief:
„Liebste Mutti, ich habe eine schrecklich große Bitte. Ich schrieb Dir schon, daß ich eine Freundin habe, die Regine heißt, und wie schlecht es ihnen geht. Bitte, bitte, darf Regine in den großen Ferien zu uns kommen? Ich habe Tante Johanna geschrieben, sie soll die Buben Stefan und Michael nehmen, sonst kann Regine nicht weg. Denn sie muß ja ihre Geschwister versorgen, weil die Mutter arbeitet. Onkel Hans hat Frau Fink eine neue Stelle verschafft, wo sie es viel besser und leichter hat, und eine neue Wohnung bekommen sie auch. Ich muß Dir ganz viel erzählen, wenn ich wieder da bin. Auch von dem Papagei und dem alten Mann, der einen großen Bauplatz hat und uns nicht darauf spielen lassen wollte. Mich mag er, weil mich sein Papagei gern hat. Ich freue mich sehr, daß ich Euch alle wiedersehe, denn Wilma ist jetzt wieder gesund und braucht mich nicht mehr. Wenn sie erst in die Schule geht, hat sie eine Menge Freundinnen. Jetzt ist sie traurig, weil ich wieder weg muß. Und ich — ich freue mich schrecklich, besonders wenn ich Regine mitbringen darf. Ich weiß, daß Du hilfst, liebste Mutti, denn ich mußte Wilma ja auch helfen,

wieder gesund zu werden." Auch Frau Fröhlich setzt sich gleich an den Tisch und schreibt, daß ihr Regine herzlich willkommen sei.

Fiete geht mit seinem Brief auf den Heuboden. Seine Katze hat drei Junge; sie faucht leise, als er die Leiter heraufkommt. „Sei still!" sagt er. „Ich will nichts von dir, nur überlegen." Ja, was soll mit der zweijährigen Hildegard und dem vierjährigen Werner geschehen? Er kann doch

die kleinen Kinder nicht aufnehmen. Großmutter ist alt, und Mutter ist auch den ganzen Tag aus dem Hause wie Frau Fink. Er zerbricht sich den Kopf, aber er findet keine Lösung. Ob Tante Johanna sie nicht nehmen kann? Nein, ausgeschlossen, gerade in der Erntezeit, da sind schon die beiden Neunjährigen eine Last für sie. Den vierjährigen Werner könnte er selbst übernehmen. Er könnte mit in seinem Bett schlafen. Oh, er wird sich ganz schmal machen, daß der kleine Kerl Platz genug in seinem Bett hat. Bummi schreibt so begeistert von Gabi und dem großen Gut. Wenn Gabi eine richtige Freundin ist, kann sie das kleine Mädchen doch übernehmen. Er freut sich jetzt geradezu auf Werner, weil er nie einen kleinen Bruder besessen hat. Er wird es Bummi schreiben. Frau Fink ist sicher froh, wenn sie wenigstens ein Kind in der Nähe hat. Und — könnte sie nicht die Wochenenden auf Gut Rittenbruch verleben? Ist das nicht ein guter Gedanke? Bummi muß es ihrer Freundin Gabi vorschlagen. Dann wird sich Frau Fink auch von den schweren Jahren erholen. Bummi hat ihm von dem Schicksal der Familie Fink geschrieben. Ja, Fiete hat wieder einmal brauchbare Ideen.

Gabi für Fietes Plan zu gewinnen fällt Bummi schwer. „Ich möchte auch mit nach Olsberg", sagt die Freundin. „Bitte, Bummi, frag doch bei deiner Tante Johanna an. Ich kann gern mit Stefan und Michael im Heu schlafen, und arbeiten werde ich auch!"

„Dann muß Regine zu Hause bleiben", antwortet Bummi traurig. „Wer soll denn Hildegard übernehmen, wenn du es nicht tust? Ich dachte, es würde dir Freude machen, einmal ein kleines Schwesterchen zu haben. Du kämmst doch so gern Hildegards Locken und ziehst ihr die Kleidchen an, die du früher getragen hast. Hast du nicht gesehen, wie dünn Frau Fink geworden ist? Sie sieht aus, als ob sie bald umfiele. Meinst du nicht, daß es ihr gut täte, sich einmal gar nicht um ihre Kinder sorgen zu müssen? Und wenn sie gar das Wochenende in der Ferienzeit bei euch verleben darf, dann wäre auch ihr geholfen."

So redet Bummi auf Gabi ein. Doch Gabi wendet sich ab und läßt Bummi einfach stehen. Sie kann nicht. Sie ist eifersüchtig auf Regine, die noch viele Wochen mit Bummi zusammensein darf. Und sie selbst war doch zuerst Bummis Freundin. Wahrhaftig, Gabi weint. Regine läuft erschrocken zu ihr. „Geh, ich will dich nicht sehen!" fährt Gabi sie an. Regine ist ratlos und geht zu Bummi. „Was ist mit Gabi los; habt ihr euch gestritten?"

Bummi zögert mit der Antwort. Dann platzt sie mit der Neuigkeit heraus: „Sie ist eifersüchtig, weil ich Mutti geschrieben habe, sie soll dich für die großen Ferien einladen. Tante Johanna muß Stefan und Michael nehmen."

„Oh, das wäre fein!" sagt Regine freudig. Aber schon umschatten sich ihre Augen. „Ich kann ja gar nicht weg, ich muß bei den Kleinen bleiben."

„Für die wird auch gesorgt; ich habe einen feinen Plan, ich kann ihn dir aber erst in ein paar Tagen verraten."

„Nein, Bummi, es wird nicht gehen. Ich bleibe hier, und du nimmst die Buben und Gabi mit. Michael und Stefan wird es guttun. Ich verzichte gern." Regine versucht ein Gespräch mit Gabi. Sie will ihr sagen, daß sie auf keinen Fall fährt. Doch Gabi schmollt. Sie läuft einfach davon, als Regine den Mund auftut.

Am nächsten Tag wartet Gabi am Schultor ungeduldig auf Bummi. „Ich tu's!" ruft sie ihr entgegen.

„Wirklich, Gabi? Hast du schon mit deiner Mutter gesprochen?"

Gabi nickt: „Es ist alles klar. Frau Fink soll es bequem haben, wenn sie am Wochenende kommt." Regine ist glücklich, als sie die beiden so einträchtig beieinander sieht.

„Sei mir nicht böse, Regine, wegen gestern, ich war häßlich zu dir!" bittet Gabi.

„Ach, laß nur, Gabi, ich habe es schon wieder vergessen." Zu dritt gehen sie auf den Schulhof.

„Gestern haben sie sich gestritten, heute hocken sie wieder beieinander", tuschelt eine Klassenkameradin einer anderen zu. „Die haben immer ein dickes Ei miteinander."

Bummi ist glücklich, daß sie die Antwortbriefe von Mutti, Tante Johanna und Fiete besitzt. Jetzt kommt der schwere Gang zu Frau Fink. Wie wird sie es aufnehmen? Wenn man arm lebt, ist man leicht verletzlich und empfindet es als Almosen, ein Geschenk annehmen zu müssen. Tante Liesel und Onkel Hans sehen ein wenig bedenklich drein. Wenn Frau Fink ablehnt, wird Onkel Hans mit ihr sprechen. Weil Bummi die Idee hatte, soll sie zunächst mit Gabi zu ihr gehen.

Am Samstagnachmittag stehen die beiden Mädchen mit klopfendem Herzen an der Tür zur Finkschen Wohnung und schellen.

Frau Fink öffnet. „Regine ist nicht da", sagt sie, „sie ist mit ihren Geschwistern auf dem Bauplatz zum Spielen."

„Heute möchten wir zu Ihnen", sagt Bummi mutig, „wir haben nämlich eine Bitte."

„Kommt nur herein", antwortet Frau Fink freundlich, „ich bin froh, wenn ich euch auch einmal helfen kann. Ich bin so glücklich, weil ihr so lieb zu Regine seid. Sie war vorher etwas verlassen in der Klasse."

Sie setzen sich an den Küchentisch. „Ich möchte Regine und die Buben mit nach Olsberg nehmen. Sie können bei Tante Johanna im Stroh schlafen und in der Ernte helfen. Wissen Sie, Frau Fink, auf einem Bauernhof ist furchtbar viel Arbeit, da ist die kleinste Hilfe willkommen", sagt Bummi.

„Regine kann ich nicht entbehren, nein, das geht nicht. Ich brauche sie für Werner und Hilde."

„Werner soll doch auch mit. Mein Freund Fiete hat sich immer einen kleinen Bruder gewünscht; er will ihn betreuen, weil er doch Ferien hat. Regine und ich passen auch auf ihn auf, und wenn wir bei Tante Johanna in der Ernte helfen, bleibt er bei meinem kleinen Bruder Wolfgang."

„Du hast dir alles gut überlegt, Bummi, aber ich muß nein sagen. Werner kann ich nicht hergeben, der ist noch zu klein. Und selbst wenn ich es täte, müßte Regine bei Hildchen bleiben."

„Ich wollte Sie bitten, Hildegard bei uns unterzubringen. Mutter lädt Sie herzlich ein, das Wochenende immer bei uns zu verleben, damit Sie jeden Samstag und Sonntag mit ihr zusammensein können", entgegnet nun Gabi.

Frau Fink ist sprachlos. Diese kleinen Mädchen haben alles bedacht; es ist erstaunlich. Sie würde ihren Kindern auch gern die Erholung in der frischen Bergluft gönnen. Aber sie kann sie doch nicht mir nichts, dir nichts fremden Menschen aufladen! Und soviel Geld kann sie nicht erübrigen, dafür zu zahlen. Noch zwei Jahre wird sie an der Schuldenlast tragen müssen. Sie bekommen ja schon zum Herbst die hübsche neue Wohnung; dann werden es die Kinder um vieles besser haben. Gespannt haben Bummi und Gabi Frau Finks Mienenspiel verfolgt. „Ich danke euch für euren guten Willen, aber ich kann nicht ja sagen." Es fällt Frau Fink nicht leicht, hart zu bleiben.

„Wollen Sie es sich nicht noch einmal überlegen?" fragt Bummi, doch Frau Fink schüttelt den Kopf.

Regine und die Geschwister sehen den beiden Mädchen mit Spannung entgegen. Regine wußte schon, daß Mutter nein sagen würde. Sie ist zu stolz, ein so großes Geschenk anzunehmen. Traurig sieht Regine die Freundinnen an. Auch die Buben sind bedrückt. Sie hatten sich schon ausgemalt, wieviel Abenteuer sie erleben würden, und nun ist nichts damit. Sie versuchen eine Burg zu bauen. Unlustig häufen sie den Sand und hören schon nach ein paar Minuten auf.

„Es hilft alles nichts, die Erwachsenen müssen her", sagt Bummi auf dem Heimweg zu Gabi. „Komm bitte mit zu Onkel Hans. Er muß helfen."

Onkel Hans lädt Gabi, Bummi und Wilma in sein Auto, und sie fahren zum Gut Rittenbruch hinaus. Onkel Hans hat ein ernstes Gespräch mit Gabis Mutter, und noch am Abend fährt er zu Frau Fink und überbringt ihr die Einladung von Frau Rittenbruch für den Sonntagnachmittag. Die Gutsherrin vermag Frau Fink auch zu überzeugen, daß sie aus Liebe zu ihren Kindern den Plan bejahen muß. Auch sie gönnt es Regine von Herzen!

Die Nachricht, daß sie die Ferien in Olsberg verleben dürfen, entfesselt einen tollen Wirbel

bei den Kindern. Wie die Indianer tanzen sie um die Linde und stoßen Schreie aus. Niemand ist glücklicher als Bummi und Gabi, die selbstlos ihrer Freundin Regine zu einem Ferienglück verholfen haben. Denn das muß gesagt werden: Lieber als die Buben und den kleinen Werner hätte Bummi Gabi und Wilma mitgenommen. „Vielleicht im nächsten Jahr!" sagt Gabi hoffnungsvoll und nimmt die kleine Hilde auf den Arm. Die legt die Händchen um Gabis Hals und drückt ihr ein Küßchen auf die Lippen. Da ist Gabi sehr glücklich und wunderbar getröstet. Auch Bummi fühlt tief im Herzen, daß es froher macht, das Schwere zu tun und nicht das Leichte.

In den nächsten Tagen spürt Bummi, daß sie innerlich ungeduldig dem ersten Ferientag entgegensieht. Das Heimweh nach den Eltern und Geschwistern und ihren Tieren wächst. Immer öfter preßt sie Mohrle an sich und flüstert der Katze kleine zärtliche Worte zu. Tante Liesel sieht Bummi manchmal forschend an. „Du denkst jetzt oft an zu Hause?" fragt sie. Als Bummi nickt, fährt sie fort: „Du bist sehr tapfer gewesen. Es war nicht immer leicht für dich hier bei uns. Onkel Hans und ich sind dir sehr dankbar, weil du durchgehalten hast. Wie lange wäre Wilma wohl ohne dich noch krank geblieben!"

Niemand ist so überglücklich wie Regine. Von klein auf hat sie der Mutter helfen und schon Verantwortung für die Geschwister tragen müssen. Sie kann sich gar nicht vorstellen, daß sie jetzt viele Wochen lang aller Arbeit entledigt sein wird, durch Sonne und Wind wandern darf, hinauf auf die Berge. Und immer wird Bummi bei ihr sein, die sie von Herzen liebhat!

Gabi bemüht sich, an der Freude der Freundinnen teilzunehmen. Das gelingt ihr nicht immer. In manchen Augenblicken will sie die Aufgabe, die Bummi ihr zugedacht hat, nicht übernehmen. Wenn dann aber die kleine Hilde ihre mageren Ärmchen um ihren Hals legt oder ihr feuchtes Mündchen auf ihre Lippen drückt, vergißt sie die bösen Gedanken, und ihre Augen strahlen mit denen der Freundinnen um die Wette.

Nur noch einmal macht Gabi traurige Augen, und die Tränen rollen ihr über die Wangen. Das geschieht in dem Augenblick, als sie neben Wilma steht und dem Auto nachwinkt, das Bummi und

Regine entführt. Aber Wilma ergeht es nicht anders. Obwohl sie viele Freundinnen hat und Bummi schon seit Wochen mit Regine und Gabi teilen mußte, fällt ihr der Abschied schwer.

„Im nächsten Frühjahr fahren wir zu Bummi in die Ferien!" versichert sie.

„Das ist ein Wort!" sagt Gabi und preßt die kleine Hilde, die sie auf dem Arm trägt, an sich, um verstohlen ihre Tränen an des Kindes Kleidchen zu trocknen.

Bei Bummi Fröhlich geht es lustig zu!

Millionen Kinder kennen und lieben Bummi, das Mädchen mit dem goldigen Herzen, und erwarten jeden neuen Band mit Ungeduld und Spannung. Zehn Bände sind erschienen:

Man nennt mich Bummi
Wer setzt eine Maus in ein fremdes Haus? Das kann nur Bummi Fröhlich

Was ist mit Bummi los?
Die kleine Bummi hat sich verändert. Das Mädchen ist eifersüchtig

Bummi und Fiete
Seit Bummi ihren Freund Fiete umsorgt, hat sie noch mehr um die Ohren

Bummi in Nöten
Als Bummi auf die höhere Schule kommt, wird das Leben komplizierter

Bummi und ihre Freundinnen
Bummis Freundinnen kommen von selbst, weil sie stets ein Kamerad ist

Bummi steht kopf
Als Bummi um Spielplätze kämpft, steht mit Bummi ganz Olsberg kopf

Bummi wird dreizehn
Sie macht daraus eine Glückszahl, aber nicht alle Träume werden wahr

Bummi und ihr Pony
Bummi gewinnt ein Pony, und es gibt viel Aufregung im Hause Fröhlich

Bummi wird flügge
Bummi möchte gern nach München — aber sie landet in Langeoog

Bummi hat es geschafft
Manches geht zwar schief, aber sie erreicht dennoch, was sie will

Dies ist ein

Göttinger Fischer-Buch

Wenn Du es gern gelesen hast
und wenn Du es gut findest,
zeige es bitte auch
Deinen Freunden und Freundinnen.

Vielleicht schreibst Du uns Deinen Namen,
Deine Anschrift und Deinen Geburtstag!

Dann wirst Du mehr über die bunten

Göttinger Fischer-Bücher

erfahren, und wir senden Dir gern
kostenlos ein buntes Verlagsverzeichnis
mit unseren
Spitzenreitern und Neuerscheinungen.

W. Fischer-Verlag
Postfach 621 · 3400 Göttingen